Geschäftsanbahnung in China

Wolfgang Kohl · Xueli Ren

Geschäftsanbahnung in China

Chinas neue Businessumgebung verstehen und nutzen

Wolfgang Kohl
Schwabach, Deutschland

Xueli Ren
Shanghai, China

ISBN 978-3-658-41979-0   ISBN 978-3-658-41980-6 (eBook)
https://doi.org/10.1007/978-3-658-41980-6

Die Deutsche Nationalbibliothek verzeichnet diese Publikation in der Deutschen Nationalbibliografie; detaillierte bibliografische Daten sind im Internet über http://dnb.d-nb.de abrufbar.

© Der/die Herausgeber bzw. der/die Autor(en), exklusiv lizenziert an Springer Fachmedien Wiesbaden GmbH, ein Teil von Springer Nature 2024

Das Werk einschließlich aller seiner Teile ist urheberrechtlich geschützt. Jede Verwertung, die nicht ausdrücklich vom Urheberrechtsgesetz zugelassen ist, bedarf der vorherigen Zustimmung des Verlags. Das gilt insbesondere für Vervielfältigungen, Bearbeitungen, Übersetzungen, Mikroverfilmungen und die Einspeicherung und Verarbeitung in elektronischen Systemen.
Die Wiedergabe von allgemein beschreibenden Bezeichnungen, Marken, Unternehmensnamen etc. in diesem Werk bedeutet nicht, dass diese frei durch jedermann benutzt werden dürfen. Die Berechtigung zur Benutzung unterliegt, auch ohne gesonderten Hinweis hierzu, den Regeln des Markenrechts. Die Rechte des jeweiligen Zeicheninhabers sind zu beachten.
Der Verlag, die Autoren und die Herausgeber gehen davon aus, dass die Angaben und Informationen in diesem Werk zum Zeitpunkt der Veröffentlichung vollständig und korrekt sind. Weder der Verlag noch die Autoren oder die Herausgeber übernehmen, ausdrücklich oder implizit, Gewähr für den Inhalt des Werkes, etwaige Fehler oder Äußerungen. Der Verlag bleibt im Hinblick auf geografische Zuordnungen und Gebietsbezeichnungen in veröffentlichten Karten und Institutionsadressen neutral.

Planung/Lektorat: Carina Reibold
Springer Gabler ist ein Imprint der eingetragenen Gesellschaft Springer Fachmedien Wiesbaden GmbH und ist ein Teil von Springer Nature.
Die Anschrift der Gesellschaft ist: Abraham-Lincoln-Str. 46, 65189 Wiesbaden, Germany

Das Papier dieses Produkts ist recyclebar.

Vorwort „Geschäftsanbahnung in China"

Wer hat in Deutschland nicht schon einen Bezug zu China? Eine Vielzahl von Chinalokalen locken den hungrigen Gast. Handys, Kleidung, Computerartikel, Büromaterial, Beleuchtung, Möbel, Spielzeug und sehr viele weitere Produkte „Made in China" beherrschen unseren Markt und beeinflussen unser tägliches Leben.

Aber auch in China gibt es einen deutlichen Bezug nach Deutschland und zu Produkten und Leistungen „Made in Germany". So verkaufte im Jahr 2022 die Firma Volkswagen mehr als 40 % ihrer Autos nach China, Mercedes mehr als 35 %. Aber auch Datenverarbeitungsgeräte, Kleidung, Nahrungsmittel, Sportartikel usw. aus Deutschland sind in China sehr begehrt.

China ist seit vielen Jahren Deutschlands größter Handelspartner und hat sich zu einem wirtschaftlichen Giganten entwickelt. Kein anderes Land der Welt hat eine so große und kaufkräftige Mittelschicht, bei der insbesondere Marken deutscher Hersteller sehr begehrt sind. Präzision und Zuverlässigkeit, die u. a. mit deutscher Ingenieurkunst verbunden sind, werden in China sehr hoch eingeschätzt.

Seit dem Beitritt Chinas zur Welthandelsorganisation (WHO) hat sich die Volksrepublik nicht nur zur „Fabrik der Welt", sondern auch zu einem weltweiten Investor entwickelt. So hat Deutschland im Jahr 2022 vor allen anderen Ländern die meisten Waren aus China importiert und bei den deutschen Exporten liegt China wertmäßig nach den USA auf Platz 2 (2022). Rund 5000 deutsche Unternehmen sind in China ansässig, 1,1 Mio. Arbeitsplätze in Deutschland hängen laut der Deutschen Handelskammer (AHK) in Peking von diesem Geschäft ab. Zwischen 2006 und 2021 haben sich laut Ernst & Young chinesische Investoren an 442 Unternehmen in Deutschland beteiligt oder diese komplett übernommen.

Doch solch enge wirtschaftliche Verflechtungen haben für Deutschlands Außenhandel nicht nur Vorteile, sondern auch Schattenseiten, insbesondere dann, wenn daraus Abhängigkeiten entstehen. China ist nicht nur ein wichtiger Absatzmarkt, sondern in zunehmendem Umfang auch Wettbewerber und Rivale im internationalen Geschäft. Dies erfordert in zunehmendem Umfange einen kritischen Umgang mit China, nicht nur als bedeutender Absatzmarkt, sondern auch als Lieferant wichtiger Rohstoffe und neuer Technologien.

Die beiden Autoren dieses Fachbuches, die ich vor vielen Jahren in einem erfolgreichen Chinaprojekt kennen lernte, sind sehr eng mit China verbunden. Frau Xueli Ren ist eine gebürtige Chinesin, hat in China und in Deutschland Rechtswissenschaft studiert und sie ist Mitglied des Ausschusses Finanzen und Steuern der Shanghaier Rechtsanwaltskammer (Shanghai BAR Association). Wolfgang Kohl ist als Führungskraft und Berater in China und in Deutschland für namhaft international bekannte Firmen tätig. Der Sinologe, Japanologe und Volkswirt lebte fast 20 Jahre in China und war 8 Jahre als Mitglied des Vorstandes der Auslandshandelskammer (AHK Greater China) in Beijing tätig. Die praxisnahen Informationen beider Autoren zur Bedeutung des chinesischen Marktes sowie deren Empfehlungen und Ratschläge sehe ich als eine wichtige Basis für den erfolgreichen Aufbau eines tragfähigen Engagements in China sowohl für Exporteure wie auch für Importeure und Investoren an.

Hatto Brenner

Einleitung „Geschäftsanbahnung in China"

Der chinesische Markt ist eine große Chance und gleichzeitig eine gewaltige Herausforderung für ausländische Unternehmen. Diese Feststellung gilt seit der Öffnung Chinas in den Endsiebzigern und sie wird weiter gelten. China wird auch weiter gefragt bleiben. Wer kann und will den größten Verbrauchermarkt der Welt schon an der Seite stehen lassen. Viele ausländische Unternehmen haben in den vergangenen Jahrzehnten den Einstieg in den chinesischen Markt geschafft, sind gewachsen und erfolgreich. Viele haben es versucht und viele sind am Überlegen. Denn der chinesische Markt ist reifer, die Angebotsvielfalt immer vielfältiger und die Eintrittsmöglichkeiten sind interessanter und wägbarer geworden.

China war in den vergangenen dreißig Jahren ein Land der rasanten Entwicklungen und Veränderungen. Wir Autoren haben das selbst und vor Ort miterlebt. Die Erlebnisse und Erfahrungen, die wir dabei gemacht haben, sind mannigfaltig und offen gesagt gab es keinen einzigen Tag, der in irgendeiner Form langweilig war. Ständig war und ist man in China in vielerlei Hinsicht gefordert und muss am Ball bleiben. Auch in der längeren Periode der Abschottung durch die weltweite Pandemie ist die Zeit nicht stehen geblieben. Viele Entwicklungen, die für China so charakteristisch sind, waren während dieser Zeit weiter entwickelt worden, wie die zunehmende Dominanz des Onlinehandels es wohl am deutlichsten zeigt. Doch bereits vor der Pandemie haben sich einige Rahmenbedingungen durchaus grundlegender verändert. Da wären Stichworte wie Sozialkreditsystem, Verantwortlichkeit und Eigenständigkeit von Niederlassungen ausländischer Firmen in China, Datenschutz und Datensicherheit, IP-Problematiken und Haftungsfragen durch neue Regularien.

Durch die extrem schnell voranschreitende Digitalisierung in China sind in allen Bereichen deutliche Innovationsvorsprünge nicht nur in technischer

Hinsicht, sondern auch durch die Erweiterung von Möglichkeiten und Instrumentarien im Marketing und Vertrieb entstanden. Die Schlagwörter hier sind E-Commerce, Lieferketten, Kundenverständnis und Kundenansprüche sowie die Verknüpfung von digitalem Verkauf mit Sozialen Medien und Plattformen. Chinas Konsumenten haben in den vergangenen Jahren ein eigenes Serviceverständnis entwickelt und auch eine starke Position gefunden, was ausländischen Firmen eine noch stärkere Adaption an den lokalen Markt abverlangt. Vor allem, wenn lokale Marken erstarken und zunehmend erfolgreicher werden. Die Pandemie und neu entstandene globale Krisen haben in den letzten Jahren zu einer Form von Abschottung geführt und die gewohnten persönlichen Beziehungen und den Austausch zwischen Firmen und ihren Niederlassungen sowie zwischen Geschäftspartnern massiv verändert. Nun, nach der Wiedereröffnung Chinas, wird auch zu überlegen sein, wie man künftig die Kommunikation und Steuerung von Niederlassungen und Geschäftspartnern gestaltet.

Die Informationsvielfalt für Ansätze und Lösungen zu all diesen Themen ist nahezu unüberschaubar geworden. In unserer Praxis, sei es in leitenden oder beratenden Positionen, haben wir zudem immer wieder festgestellt, dass zwar grundlegende Informationen zu China vorhanden sind, aber dennoch Bedarf an einer strukturierten Darstellung besteht, wie man sich als interessiertes Unternehmen China nähert. So hatten wir überlegt, was man in komprimierter und übersichtlicher Form an die Hand geben kann. Mit diesem Buch hoffen wir, einen Ansatz gefunden zu haben. Es soll eine aktuelle, pragmatische und umfassende Einführung sein, die ein grundlegendes Verständnis für den chinesische Markt schaffen möchte. Von der Ausdehnung des Landes über die Determinanten der Wirtschaftspolitik in den kommenden Jahren, dem besseren Verständnis von chinesischen Konsumenten und dem Markt hin zu Ansätzen für die Markterschließung.

Wolfgang Kohl
Xueli Ren

Inhaltsverzeichnis

1	**Bedeutung des chinesischen Binnenmarktes**	1
1.1	Größe und Dimensionen	2
1.2	Bedeutung der Verstädterung und Urbanisierungsquote	3
1.3	Das Tier-System chinesischer Städte als Leitfaden im Städtedschungel	5
1.4	Was bringt mir die Tier Klassifizierung	7
1.5	Aktuelle Entwicklungen bei Chinas Urbanisierung	9
1.6	Die künftigen Stadtcluster Chinas	10
	1.6.1 Das Jing-Jin-Ji Cluster (京津冀城市群): stärkere Integration in Regionen mit deutlichem Ungleichgewicht	12
	1.6.2 Der Yangtse Delta Cluster (长三角城市群): der reiche Hub im Osten	12
	1.6.3 Der Yangtse Mittellauf Cluster (长江中游城市群): der Knotenpunkt in der Mitte Chinas	13
	1.6.4 Die Guangdong-Hong Kong-Macao Greater Bay Area (GBA, 粤港澳大湾区): der etablierte Manufaktur und Hightech-Hub im Süden	13
	1.6.5 Der Chongqing-Chengdu Megacluster (成渝城市群): die Neuplanung für Westchina	14
1.7	Kaufkraft und Gehälter	14
1.8	(Tele)Kommunikation: China ist die weltgrößte Mobile First-Gesellschaft	16
Literatur	....	18

2 Kenntnis und Verständnis politischer Leitlinien zur Stärkung des Binnenmarktes 19

2.1 Der aktuelle Fünfjahresplan und die Ziele für die Wirtschaft 20
2.2 Wirtschaftliche Kernsegmente und Schlüsselthemen im Fünfjahresplan 21
    2.2.1 Finanzsektor 21
    2.2.2 Konsumentenmarkt 22
    2.2.3 Industrielle Fertigung 22
    2.2.4 Automobilindustrie 23
    2.2.5 Gesundheitswesen und Biowissenschaften 23
    2.2.6 Technologie 24
2.3 Kurz- und mittelfristige Ziele sowie langfristige Zielsetzungen des 14. Fünfjahresplanes 24
2.4 Dual Circulation (国内国际双循环) als Kernbestandteil und Entwicklungsschema des 14. Fünfjahresplan 26
    2.4.1 Freihandelszonen und der Freihandelshafen von Hainan 27
    2.4.2 Dual Circulation und der Fünfjahresplan: Auswirkungen auf ausländische Unternehmen 28
2.5 Regional Comprehensive Economic Partnership (RCEP) – Bedeutung für China und ASEAN-Mitglieder 29
2.6 Die Common Prosperity-Initiative (共同富裕) und ihre möglichen wirtschaftlichen Auswirkungen 30
2.7 Das „Social Credit System" (社会信用体系) und seine Bedeutung für in China tätige Unternehmen 32
2.8 Datenschutz und Datensicherheit 34
2.9 Die Ausfuhrkontrolle 35
Literatur 36

3 Chinas Konsumenten als Kunden 37

3.1 Chinas Transformation zur Konsumentenwirtschaft 38
3.2 Das chinesische Konsumentenprofil 38
3.3 Die Kaufkraft 40
3.4 Konsumentenverhalten 41
3.5 Konsumausgaben der privaten Haushalte Chinas 42
3.6 Besonderheiten chinesischer Konsumenten 43
3.7 Demografie, Charakteristik der wichtigsten Generationen – Gen Z, Millenials 44

3.8	Bedeutung ausländischer Marken		46
3.9	Stichwort „Guochao (国潮)" – Erstarkung chinesischer Marken und Chance für ausländische Marken		48
3.10	Welche Rechte haben Verbraucher in China?		51
Literatur			54

4 E-Commerce und Social Commerce nehmen in China eine herausragende Stellung ein ... 55

- 4.1 Internet per Mobile-First – wie sich China weltweit in die Spitzenposition begeben hat ... 55
- 4.2 Weshalb ist E-Commerce in China so erfolgreich (und einzigartig) ... 57
    - 4.2.1 Der Beginn von E-Commerce in China ... 57
    - 4.2.2 E-Commerce trifft genau die Bedürfnisse chinesischer Verbraucher ... 57
    - 4.2.3 Das E-Commerce Logistiksystem setzt Maßstäbe ... 58
    - 4.2.4 Chinas Verbraucher sind auch beim Zahlen Mobile-First ... 59
    - 4.2.5 Die fehlende Einzelhandelsinfrastruktur in ländlichen Gebieten ... 59
- 4.3 Super Apps – Das Bindeglied zwischen Verbraucher und Handel (am Beispiel WeChat – Weixin 微信) ... 59
- 4.4 Stellenwert von E-Commerce im chinesischen Vertriebssystem und neue Entwicklungen ... 61
    - 4.4.1 Traditionelles und neues – Sozial getriebenes – E-Commerce Modell in China ... 62
    - 4.4.2 Neue Entwicklungen im chinesischen E-Commerce ... 64
- 4.5 Wie kann ich mein Produkt (meinen Service) in China per E-Commerce und Social Commerce vermarkten? (Wo sind Ansätze für deutsche Unternehmen?) ... 67
    - 4.5.1 Generelle Struktur des E-Commerce in China ... 67
    - 4.5.2 Arten der verschiedenen Plattformen ... 67
    - 4.5.3 Neues Geschäftsmodell: Grenzüberschreitender B2C-Online-Handel (CBEC) ... 68
    - 4.5.4 Was muss ich bei der Planung von E-Commerce und Social Commerce wissen und beachten? ... 73
- Literatur ... 75

5	**Geschäftsanbahnung/Business Development**		77
5.1	Warum ist China weiterhin ein wichtiger Markt?		77
5.2	Geschäftsanbahnung mit China in Zeiten der permanenten Veränderung und Unsicherheit		79
5.3	Grundlegendes zur Vorbereitung für die Geschäftsanbahnung in China		82
	5.3.1	Schritt 1: IP-Schutz – Markeneintragung und chinesischer Name	82
	5.3.2	Schritt 2: Informationen zu Märkten, Marktsegmenten, Produkt- und Servicegruppen	84
	5.3.3	Schritt 3: Zulassungsthemen	86
	5.3.4	Schritt 4: Firmenstruktur – Multinational – Lokal – Export	87
	5.3.5	Schritt 5: Produktportfolio	88
	5.3.6	Verbraucherwünsche/Verbraucheranforderungen	88
	5.3.7	Schritt 6: Vertriebsstrategie 1 – Vertriebskanäle	90
	5.3.8	Schritt 7: Vertriebsstrategie 2 – Wie gewinne ich Vertriebspartner	92
	5.3.9	Schritt 8: Regionaler Fokus	95
	5.3.10	Schritt 9: Werbung	95
Literatur			96
6	**Geschäftsaufbau ohne eigene Niederlassung in China**		97
6.1	Rechtliche Hinweise zur Klärung der Machbarkeit		97
	6.1.1	Überprüfung und laufende Beobachtung von Geschäftspartnern	97
	6.1.2	Vertragsgestaltung nach chinesischem Recht	100
6.2	Regulierungsfragen bei in China einzuführenden Produkten		102
	6.2.1	Kennzeichnung	102
	6.2.2	Produktregistrierung	103
	6.2.3	Vereinfachte Regulierungsanforderungen für die Wareneinfuhr im Rahmen des grenzüberschreitenden E-Commerce	104
6.3	Verantwortlichkeit und Produkthaftung in China		105
	6.3.1	Anwendungsbereich der chinesischen Gesetze für die Produkthaftung	105
	6.3.2	Verschuldensunabhängige Haftung der Hersteller und Haftung des Verkäufers	105

	6.3.3	Wahlrecht der Geschädigten	106
	6.3.4	Haftung der E-Commerce-Plattform	106
	6.3.5	Umfang der Ansprüche aus der Produkthaftung	106
	6.3.6	Verkürzte Verjährungsfrist	107
6.4		Streitbeilegung in China	107
	6.4.1	Gerichtliche Streitbeilegung in China	107
	6.4.2	Außergerichtliche Streitbeilegung (Schiedsgerichtsbarkeit) in China	108
	6.4.3	Vermögenssicherung und Vorwegvollstreckung	109
	6.4.4	Vollstreckung	110
	6.4.5	Strategien zur Streitbeilegung	112

7 Geschäftsaufbau mit eigener Niederlassung in China 113
- 7.1 Rechtliche Hinweise zur Klärung der Machbarkeit 113
  - 7.1.1 Investitionsrecht für einen Markteintritt in China 113
  - 7.1.2 Standortwahl und Investitionsvertrag 115
  - 7.1.3 Gesellschaftsformen 116
  - 7.1.4 Finanzierung der Niederlassung in China 118
  - 7.1.5 Gewinnausschüttung 120
- 7.2 Verwaltungsverfahren zur Gesellschaftsgründung 121
- 7.3 Steuersystem und Steuerliche Compliance in China 122
  - 7.3.1 Überblick über das Steuersystem in China 122
  - 7.3.2 Steuerliche Vorzugsbehandlungen für ausländische Investitionen 122
  - 7.3.3 Steuerliche Compliance 125
- 7.4 Arbeitsrecht und Sozialrecht in China 125
  - 7.4.1 Allgemeine Arbeitsregeln 125
  - 7.4.2 Sozialversicherung und Wohnungsfonds 126
  - 7.4.3 Arbeitsrechtliche Compliance und Streitigkeiten 127

Literatur 128

Bedeutung des chinesischen Binnenmarktes

1

> **Zusammenfassung**
>
> China lehrt, in Megadimensionen zu denken, doch gleichzeitig regionale und lokale Unterschiede zu berücksichtigen. Die Lohnentwicklung hat sich nicht nur rasant internationalen Mitbewerbern wie den USA und Europa angepasst sondern in vielen Fällen bereits überholt. Für Marken gibt es so etwas wie den typischen „chinesischen Verbraucher". Das Land ist so groß, dass selbst ein Nischenpublikum riesig sein kann, und es ist wichtig, zu recherchieren und zu verstehen, wo Sie Ihre Zielkunden finden. Es gibt ein enormes Wachstumspotenzial für die Zukunft, da sich die Städte der unteren Ebene weiterentwickeln. Marken müssen daher zunehmend unterschiedliche Strategien entwickeln, um Verbraucher auch aus kleineren Städten anzusprechen. Ein großer Teil der chinesischen Verbraucher hat immer noch ein niedrigeres Bildungsniveau. Sie sind auch mit einer ganz anderen Kultur aufgewachsen. Markenwerte und -botschaften, die im Ausland etabliert und erfolgreich sind, könnten in China verpuffen und müssen gründlich überdacht werden. Marken müssen flexibel und lokal sein und ihre Strategien anpassen, um ihre Kunden auf unterschiedliche Weise zu erreichen. Mit der Verbesserung der Infrastruktur können wir davon ausgehen, dass der Wohlstand in abgelegeneren Gebieten Chinas zunehmen wird, was Marken neue Möglichkeiten bietet, neue Verbraucher zu erreichen.

© Der/die Autor(en), exklusiv lizenziert an Springer Fachmedien Wiesbaden GmbH, ein Teil von Springer Nature 2024
W. Kohl und X. Ren, *Geschäftsanbahnung in China*,
https://doi.org/10.1007/978-3-658-41980-6_1

1.1　Größe und Dimensionen

Im Frühjahr 1984 fand meine (Wolfgang Kohls) erste Reise nach China statt und noch dazu ganz offiziell als Mitglied einer Delegation aus Professoren und Studenten wie ich selbst, allesamt unter der Fittiche des Auswärtigen Amtes. Chinas Außenministerium hatte im Rahmen des zunehmenden Austausches beider Länder zusammen mit dem chinesischen Bildungsministerium eine Einladung an die deutschen, britischen und niederländischen Pendants ausgesprochen und so lernte ich das erste Mal Beijing, Shanghai sowie weitere Metropolen auf der gut vierzehntägigen Tour kennen. Die Fahrten von den Flughäfen in die Innenstädte sind mir noch gut im Gedächtnis. Beijings neuer Flughafen im Nordosten der Stadt war damals quasi auf dem Land und man näherte sich der Hauptstadt regelrecht an, bis man dann auf einmal auf den gewaltigen Straßenachsen über den Platz des Himmlischen Friedens nach Westen fuhr. Bei der Weiterreise von Beijing nach Shanghai lag die Ankunft am späten Abend, der Flughafen Hongqiao befand sich schon damals unmittelbar in der Stadt und doch fuhr man gefühlt stundenlang auf schier endlosen und hell erleuchteten Einfallstraßen in Richtung Bund.

Das alles fand vor nunmehr vierzig Jahren statt. Beijing und Shanghai hatten damals beide etwa um die sechs Millionen Einwohner, Shanghai bereits eine stattliche Anzahl von Wolkenkratzern und ein enges Stadtgefüge, Beijing die beeindruckenden Achsenstraßen, die sich kerzengerade quer durch die Stadt zogen und die charakteristischen monolithischen Bauten. Im Ranking der Vereinten Nationen liegen die beiden chinesischen Metropolen laut den Erhebungen von 2018 nun unter den Top 10 bevölkerungsreichsten Städten der Welt, Beijing mit knapp zwanzig Millionen Einwohnern, Shanghai mit gut 25 Mio.[1] Von Shanghai ging 1984 die Reise per Zug weiter nach Hangzhou. Für die Strecke von 185 km saßen wir damals fast drei Stunden im Abteil. Heutzutage braucht der schnellste Hochgeschwindigkeitszug nicht einmal ein Dreiviertelstunde für die Verbindung.

---

[1] United Nations, Department of Economic and Social Affairs, Population Division (2018). World Urbanization Prospects: The 2018 Revision. The World's Cities in 2018. https://www.un.org/en/development/desa/population/publications/pdf/urbanization/the_worlds_cities_in_2018_data_booklet.pdf. Zugegriffen: 23. März 2023.

Chinas Entwicklung ist faszinierend und die Geschwindigkeit atemberaubend. Daran hat sich in den vier Jahrzehnten, in denen ich China bislang erlebt und fast zwei Jahrzehne davon dort gelebt habe, nichts geändert. Für Geschäftsanbahnungen mit China ist es daher angebracht, sich zunächst mit den Dimensionen des Landes vertraut machen und dazu gehören neben geografischen auch strukturelle Kenntnisse und Einblicke. Geschäfte machen mit China bedeutet ja am Ende Güter und Dienstleistungen an chinesische Konsumenten und Firmen zu verkaufen. Wo sind potentielle Kunden, wie „ticken" sie, haben südchinesische Konsumenten die gleichen Träume wie nordchinesische?

China ist ein Kontinent. Die Flugentfernung von Beijing nach Shanghai ist aus europäischer Sicht vergleichbar mit der von Hamburg nach Marseille oder von Paris nach Wien. Legt man die maßstabsgleichen Karten von China und Europa übereinander, dann zeigt sich eine annähernd gleiche Fläche. Die Flugstrecke von Beijing in das Hi-Tech Zentrum Shenzhen in unmittelbarer Nachbarschaft zu Hongkong ist nahezu identisch mit der von Stockholm nach Neapel. Das vermittelt vielleicht ein besseres Gefühl für die Ausdehnungen des Landes. Es macht also Sinn für die Betrachtung und Überlegung zu China eine europäische Brille aufzusetzen. Dies auch deshalb, da China genauso wenig einheitlich in seiner regionalen und lokalen Struktur ist wie Europa. Die Präferenzen von südchinesischen Konsumenten können sich für bestimmte Produkte ähnlich stark von denen nordchinesischer Konsumenten unterscheiden wie es zwischen Nord- und Südeuropäern sein kann.

Um sich die Größe einmal plastisch darzustellen, legt man maßstabsgetreue Karten mit den Umrissen von China sowie der EU übereinander. Das Ergebnis ist interessant und plastisch: die Ausdehnungen sind ähnlich, die Vielfalt und Unterschiede, die wir aus den einzelnen Ländern Europas kennen, lassen sich ebenfalls auf China übertragen.

1.2 Bedeutung der Verstädterung und Urbanisierungsquote

Während London und Paris vor vierzig Jahren von der Einwohnerzahl beinahe identisch waren mit Beijing und Shanghai, sind aus letzteren inzwischen Metropolen mit mehr als zwanzig Millionen Einwohnern geworden. Die Verstädterung

Chinas ist ein ganz entscheidendes Element der Wirtschaftspolitik, wie die Städteplanung insgesamt. China hat in 2021 eine Urbanisierungsquote von fast 65 %[2] erreicht und holt damit in Rekordtempo zu Europa auf, das historisch gesehen mit einer Urbanisierungsquote von 72 %[3] in 2018 viel stärker verstädtert ist als andere Weltregionen, doch dessen Anteil der Stadtbewohner gering ist. Lebt die Mehrheit der Europäer in Städten mit einer Einwohnerzahl zwischen einer Viertelmillion und fünf Millionen, so gibt es in China bereits mehr als 160 Städte mit mehr als einer Million Einwohner.

Für ein Land von der Größe eines Kontinents erscheint China auf den ersten Blick weniger vielfältig als Europa oder Nordamerika. Unter den 1,4 Mrd. Einwohnern Chinas gehören 91,11 % derselben ethnischen Gruppe an, 73 % von ihnen sprechen dieselbe Sprache (Mandarin)[4]. Man mag daher leicht der Versuchung erliegen, pauschale Verallgemeinerungen über diese „Einheitlichkeit" Chinas zu machen und läuft damit Gefahr, die dabei so verschiedenen Arten von Vielfalt zu übersehen, die für China so charakteristisch sind. China besteht laut offizieller Darstellung aus 34 Verwaltungseinheiten auf Provinzebene: 23 Provinzen, 5 Autonome Regionen, 4 regierungsunmittelbare Städte sowie die beiden Sonderverwaltungszonen Hongkong und Macau. Die regionalen Unterschiede sind mithin enorm und die Erfahrungen von jemanden, der in hypermodernen Großstädten wie Beijing oder Shanghai aufwächst, unterscheiden sich drastisch von denen, die jemand in weniger entwickelten Teilen des chinesischen Binnenlandes macht.

China hat sich noch dazu in einem noch nie dagewesenen Tempo urbanisiert. Vor etwa 20 Jahren lebten nur 30 % der chinesischen Bevölkerung in Städten; heute sind es bereits 60 %. Das bedeutet, dass in den letzten zwei Jahrzehnten etwa 400 Mio. Menschen – annähernd die Bevölkerung der EU mit 447 Mio. - in Chinas Städte gezogen sind. Dieser Übergang dauerte in Europa 90 Jahre und in den USA immerhin noch 60 Jahre. Und diese Migration ist auch noch nicht zu Ende. Bis 2035 werden voraussichtlich 70 % der chinesischen Bevölkerung in

---

[2] United Nations Population Division. World Urbanization Prospects: 2018 Revision. Urban population (% of total population) - China. https://data.worldbank.org/indicator/SP.URB.TOTL.IN.ZS?locations=CN, Zugegriffen: 23. März 2023.

[3] United Nations Population Division. World Urbanization Prospects: 2018 Revision. Urban population (% of total population) - European Union. https://data.worldbank.org/indicator/SP.URB.TOTL.IN.ZS?locations=EU, Zugegriffen: 23. März 2023.

[4] National Data, National Bureau of Statistics of China. https://data.stats.gov.cn/easyquery.htm?cn=C01&zb=A0305&sj=2022. Zugegriffen: 23. März 2023.

Städten leben⁵. Das Wachstum der chinesischen Städte hatte und hat weiterhin erhebliche Auswirkungen auf Chinas Wirtschaft und seine Beziehungen zur Welt. Mit der Verstädterung Chinas wuchs und wächst zudem eine Mittelschicht heran, und auch in den kleineren Städten gibt es immer anspruchsvollere Verbraucher. Der andauernde Zuzug in Städte hat dem Land einen gigantischen Schub und Mehrwert in jeglichen Bereichen verschafft: Kaufkraft, Ausbildung, Entwicklung von Technologien bis hin zum Lohnniveau.

Historisch gesehen fand die Verstädterung Chinas in den Küstenregionen statt. Hier sind die wohl bekanntesten chinesischen Städte vertreten, zum einen in dem Korridor, der sich von Beijing im Norden nach Shanghai im Osten zieht und dann weiter verläuft hin zu Guangzhou und Shenzhen im Süden und unmittelbarer Nähe zu Hongkong. Im nächsten Schritt beschleunigte sich die Entwicklung um Provinzhauptstädte im Landesinneren wie Wuhan, Shenyang und Xi'an. Daran wiederum schließt sich die nun andauernde Entwicklung von weiteren Metropolregionen im Landesinneren an.

1.3 Das Tier-System⁶ chinesischer Städte als Leitfaden im Städtedschungel

Die EU hat einen gemeinsamen Binnenwirtschaftsraum geschaffen, doch jedem Unternehmen ist bewusst, wie stark sich doch die einzelnen Länder Europas voneinander unterscheiden, wenn es um Investitionen, Marketing oder Vertrieb geht. China hat eine ganze Reihe von Städten, die zu den reichsten der Welt gehören. Shanghai als gängiges Beispiel hat mit einer Einwohnerzahl von 24 Mio. Menschen die gleiche Bevölkerungszahl wie ganz Australien. Das BSP von Shanghai lag 2021 bei 680 Mrd. US$ und damit auf vergleichbarer Höhe mit Ländern wie Norwegen, Irland oder Argentinien. Dann gibt es auch Städte wie Gannan, von denen wohl kaum jemand außerhalb Chinas gehört hat, mit nicht einmal einer Million Einwohner und einem BSP von 2 Mrd. US$. Damit weist Shanghai eine

---

⁵ Zhang Jie (2019), China Daily, Urbanization rate to reach 70 % by 2035: Study (2019). https://www.chinadaily.com.cn/a/201906/24/WS5d1089b0a3103dbf14329ea7.html. Zugegriffen: 23. März 2023.

⁶ Der englische Begriff „tier" wird in Zusammenhang mit city tiers in seiner Bedeutung als Rang oder Stufe in einem System verwendet. Eine First-tier-city oder Tier 1 city ist also eine erstrangige Stadt oder Städteregion. Damit lässt sich am besten auch die chinesische Bezeichnung 一线城市(yīxiàn chéngshì) wiedergeben. Zudem ist der Begriff auch im deutschen Geschäftsumfeld etabliert.

Pro-Kopf-BIP von 17.000 US$ auf, während Gannan gerade noch auf 2.800 US$ kommt.[7]

China ist also alles andere als ein einziger und vereinheitlichter Markt sondern von enormer Größe, Umfang und – was wichtig ist – Vielfalt. Offiziell gibt es in China laut dem vom National Bureau of Statistics China veröffentlichten China Statistical Yearbook 2022[8] 687 registrierte Städte, davon 293 auf Präfekturebene und 394 auf Kreisebene. Für ausländische Investoren und Unternehmen, die in China Fuß fassen wollen, ist also wichtig zu wissen, wie man dort navigiert. Zu diesem Zweck gibt es sogenannte City-Tier Klassifizierungen, also Klassifizierungen von Stadtregionen, die einen etablierten und weithin verwendeten Leitfaden bieten, um sich in der Diversität von Städten und Regionen Chinas orientieren zu können. City-Tier Klassifizierungen sind nicht zu verwechseln mit Städteclustern, die Städte nach wirtschaftlichen, geografischen und handelspolitischen Kriterien gruppieren. Bei den City-Tier Klassifizierungen sind drei makroökonomische Kategorien zur Unterteilung herangezogen worden: BSP, Bevölkerungszahl sowie die politische Verwaltung.

Das bislang gängigste Modell, das die meisten Investoren und Unternehmen in den vergangenen zwanzig Jahren begleitet hat, geht dabei von vier Klassifizierungen aus.

Tier 1 Städte verfügen über ein BSP von mehr als 300 Mrd. US$ und sind selbstständig verwaltete, sogenannte regierungsunmittelbare Städte mit einer Einwohnerschaft von mehr als 15 Mio. Hierzu zählen die vier Städte Beijing, Shanghai, Guangzhou und Shenzhen.

Tier 2 Städte verfügen über ein BSP von mehr als 68 Mrd. US$ bis zu 299 Mrd. US$ und sind selbstständig verwaltete Städte sowie Provinzhauptstädte mit einer Einwohnerschaft von 3 bis 15 Mio. In diesem Tier befinden sich 30 Städte, darunter bekanntere wie Changsha, Dalian, Hangzhou, Nanjing, Qingdao, Tianjin, Wuhan, Xi'an.

Tier 3 Städte verfügen über ein BSP von 18 bis 67 Mrd. US$ und sind Provinzhauptstädte sowie Städte auf Präfekturebene mit einer Einwohnerschaft von 150.000 bis zu 3 Mio. In diesem Tier befinden sich 138 Städte wie Changhe, Dongguan, Foshan, Nanning, Wenzhou, Zhuhai.

---

[7] National Data, National Bureau of Statistics of China. https://data.stats.gov.cn/english/easyquery.htm?cn=E0103. Zugegriffen: 23. März 2023.

[8] National Data, National Bureau of Statistics of China. http://www.stats.gov.cn/tjsj/ndsj/2022/indexeh.htm. Zugegriffen: 23. März 2023.

Tier 4 Städte verfügen über ein BSP unter 17 Mrd. US$ und sind Provinzhauptstädte sowie Kreisstädte mit einer Einwohnerschaft bis zu 150.000. In diesem Tier befinden sich 480 Städte wie Chanshu, Linhai, Zaoyang.

War diese etablierte 4-Tier Klassifizierung über längere Zeit hilfreich, sind in den letzten Jahren durch das extrem schnelle Wachstum der bisherigen Tier 2 bis Tier 4 Städte sowie eine zunehmende Sättigung und Stagnation im Wachstum der Top-Tier Städte Beijing, Shanghai, Guangzhou und Shenzhen zunehmend Anpassungen notwendig, da die bisherigen Kriterien nicht mehr so trennscharf anwendbar sind.

So geht die South China Morning Post aufgrund der verwendeten makroökonomischen Kriterien inzwischen von einer neu zusammengesetzten Fünfer-Spitzengruppe der Tier 1 Städte aus, die dann Beijing, Chongqing, Guangzhou, Shanghai und Tianjin beinhaltet[9]. Die Tageszeitung China Daily, das offizielle Sprachrohr der chinesischen Regierung, spricht sogar von 15 neuen, sogenannten „aufstrebenden Tier 1 Städten" (mit der Bedeutung, dass diese Städte das Potenzial aufweisen in Zukunft zu einer Tier 1 Stadt zu werden) und nimmt als Grundlage eine neue Klassifizierung, die als Bericht von Yizai Global, dem englischsprachigen Finanznachrichtendienst, der zur Shanghai Media Group gehört, herausgegeben wurde[10]. Yizai Global hat dabei weitere Kriterien zur Klassifizierung integriert, darunter kommerzielle Einkaufsdaten großer Verbrauchermarken, Daten zum Nutzerverhalten von führenden Internetunternehmen sowie Big Data von städtischen Datenagenturen. Die traditionelle Spitzengruppe der vier Giganten Beijing, Shanghai, Guangzhou und Shenzhen bleibt dabei bestehen. Die Aufsteiger des Tier 1 Plus lauten dann: 1. Chengdu, 2. Chongqing, 3. Hangzhou, 4. Xi'an, 5. Wuhan, 6. Suzhou, 7. Zhengzhou, 8. Nanjing, 9. Tianjin, 10. Changsha, 11. Dongguan, 12. Ningbo, 13. Foshan, 14. Hefei, 15. Qingdao.

1.4 Was bringt mir die Tier Klassifizierung

Für Marken gibt es so etwas wie einen typischen „chinesischen Verbraucher". China als Land ist dazu so groß, dass selbst ein Nischenpublikum riesig sein kann, und es ist wichtig zu recherchieren und zu verstehen, wo man seine Zielkunden findet.

---

[9] South China Morning Post, Urban legend: China's tiered city system explained. https://multimedia.scmp.com/2016/cities/. Zugegriffen: 23. März 2023.

[10] China Daily (2021), 15 new Chinese first-tier cities. https://www.chinadaily.com.cn/a/202106/07/WS60bd4effa31024ad0bac3e5f.html. Zugegriffen: 23. März 2023.

Die Unterteilung in Städte „Tier" hat es bisher erleichtert, Produkt- und Marketingentscheidungen zu treffen, wenn man vor dem gigantischen Markt China steht. Städte in gleichen Klassifizierungs-„Tiern" bieten in Hinblick auf Konsumentencharakteristika, Kaufkraft, Trends und Lebensstile sowie Interessen und Wünschen von potenziellen Käufern eine gemeinsame Linie. So war es lange Zeit auch gang und gäbe bei Marktforschungen für Produkteinführungen in China den Schwerpunkt auf die Tier 1-Gruppe, also Beijing, Shanghai und Guangzhou zu setzen, die sich in wesentlichen Kriterien ähnelten und dennoch durchaus deutliche Unterschiede aufweisen können.

Guangzhou und Shenzhen sind durch die unmittelbare Nähe zu Hong Kong mit einer wesentlich größeren Vielfalt von nationalen und noch wichtiger internationalen Marken vertraut und gewohnt, immer die aktuellsten Entwicklungen zu zeigen. Shanghai gilt als das Schaufenster Chinas und hat den Anspruch, dass Produkte, die in Shanghai nicht erfolgreich laufen, in China chancenlos sind. Shanghai sieht sich dazu als Vorreiter und Trendsetter sowie merkantilen Nabel des Landes. Shanghai und Guangzhou sind beides auch große Hafenstädte und waren dadurch schon lange Zeit Handelszentren. Beijing als politisches Zentrum war demgegenüber eher konservativ, hat aber in den vergangenen fünfzehn Jahren bei Konsumneigung und Trendsetting zu Shanghai und Guangzhou aufgeschlossen. Auch klimatische Gegebenheiten machen signifikante Unterschiede. Beijing liegt zwar auf dem gleichen Breitengrad wie Rom, weist aber durch seine semi-aride Lage und Nähe zur Wüste Gobi ein extrem kontinentales Wetter mit heißen Sommern und kalten Wintern mit zweistelligen Minusgraden auf. Demgegenüber verwandeln Shanghaier Sommer mit subtropischen Temperaturen und extrem hoher Luftfeuchtigkeit die Stadt in einen temporären Backofen.

Doch hat sich die Fokussierung auf diese Tiergruppe von Megastädten insbesondere für internationale und damit in der Regel teure Marken und Produkte in der Vergangenheit als erfolgreich gezeigt. Auch die traditionellen Distributionskanäle waren in diesem Tier 1-Segment etabliert und frühzeitig bereits mit ausländischen Ketten vertreten. So eröffnete Carrefour seinen ersten chinesischen Hypermarkt 1995 in Beijing, die Düsseldorfer METRO-Gruppe startete ein Jahr später ihr operatives Geschäft in Shanghai und 1996 eröffnete Walmart seinen ersten Walmart Store sowie Sam's Club in Shenzhen.

Letztlich war auch der deutliche Abstand von Kaufkraft sowie die Verfügbarkeit von gut ausgebildeten Fach- und Führungskräften im Top Tiersegment zu den übrigen Tiern ein entscheidender Punkt für die Planung und Entscheidung von Geschäftsaktivitäten in China. Das Gehaltsniveau hatte in diesen Städten auch am deutlichsten zugenommen und bereits Ende der 2000er an internationales Niveau aufgeschlossen.

1.5 Aktuelle Entwicklungen bei Chinas Urbanisierung

Angesichts des riesigen Territoriums und der großen Bevölkerung Chinas zeigen sich also regionale Unterschiede im verfügbaren Einkommen sowie in der Verfügbarkeit von Waren und Dienstleistungen. Infolgedessen gibt es erhebliche Unterschiede in der Konsumneigung zwischen verschiedenen Städte Tiern. Bewohner von Tier 1 und 2 Städten verfügen über bessere finanzielle Mittel und Ausstattung und sind eher bereit in Vermögensverwaltung, medizinische Versorgung sowie vor allem die Ausbildung ihrer Kinder zu investieren. Bewohner von Tier 3 und 4 Städten verfügen über deutlich weniger finanziellen Spielraum und fokussieren sich bei ihren Ausgaben auf Lebensmittel und Getränke sowie persönliche Bildung und Unterhaltung.

Doch die bis vor wenigen Jahren noch anhaltende Sogwirkung der etablierten Megastädte hat ihr Ende erreicht. So sind die Lebenshaltungskosten – vor allen Dingen Mieten oder Wohnungskäufe – in Städten wie Beijing, Shanghai und Guangzhou in exorbitante Höhen geschnellt, die es dem Großteil der Stadtbewohner unmöglich macht eine Wohnimmobilie in diesen Städten zu erwerben. Zusätzlich ist der Leistungs- und soziale Druck in diesen Metropolen für viele Bewohner nur noch schwer zu bewältigen.

Die beschriebene Urbanisierung Chinas hat als wichtiges Ergebnis auch eine klare Clusterung des Konsumentenmarktes innerhalb der Metropolstädte und -regionen hervorgebracht. So macht der gesamte Einzelhandelsumsatz mit Konsumgütern in den drei städtischen Clustern – dem Yangtse-Delta, dem Perlfluss-Delta und dem Band Beijing-Tianjin-Hebei – mehr als 40 % des gesamten Einzelhandelsumsatzes des Landes aus. Der Saturierung der Tier 1-Städte hält dabei inzwischen die anhaltende Entwicklung und einhergehendes steigendes Einkommensniveau der weiter wachsenden Tier 3 und 4 Städte entgegen. Das wiederum hat zur Folge, dass das Konsumpotenzial dieser Märkte der unteren Tier beschleunigt freigesetzt werden kann. Die Konsumenten in den Lower-Tier-Städten, den weniger entwickelten urbanen Zentren Chinas sowie auch in ländlichen Gebieten schieben also die kommende Welle von Konsumwachstum im Lande an. Durch steigendes Einkommen verbessert sich der Lebensstil und lässt diese Konsumenten zunehmend nach höherwertigen Produkten suchen, doch zu vernünftigen Preisen. So suchen Konsumenten aus diesen Tier-Gruppen häufig auf Gruppenkauf-Webseiten oder Cross Border E-Commerce (kurz CBEC, dem grenzüberschreitenden E-Commerce), was durchaus auch internationalen Marken die Möglichkeit gibt, von diesem wichtigen Konsumtrend zu profitieren.

Das Binnenwachstum Chinas scheint daher noch lange nicht am Ende zu sein. Die bisherige Erfahrung der Urbanisierung des Riesenlandes zeigt weiter, dass Chinesen nicht nur nach einem besseren Leben streben, sondern mittlerweile auch neu definieren, was ein „besseres Leben" für sie bedeutet. Ihre Entscheidung, wo sie leben wollen, spiegelt die Sehnsucht nach mehr Wachstum, besseren Chancen, öffentlichen Ressourcen und vielfältigen Lebensstilen wider. In dem Maße, wie die regionale Entwicklung und der technologische Fortschritt voranschreiten, werden städtische Cluster daher zunehmend mehr und zunehmend bessere städtische Funktionen, höherwertige öffentliche Dienstleistungen und umfassendere Wettbewerbsfähigkeit in wirtschaftlicher, kultureller, ökologischer und politischer Hinsicht bieten müssen. Dazu wird eines der wichtigsten wirtschaftspolitischen Ziele auch in Hinblick auf die Bedeutung des Konsumentenmarktes als wichtigster Größe der chinesischen Wirtschaft angeschoben, sprich mehr Konsumpotenzial freigesetzt.

1.6 Die künftigen Stadtcluster Chinas

Um den ständigen Zustrom in Städte zu bewältigen, hat sich Chinas nationale Stadtentwicklungspolitik von der Expansion einzelner Städte auf den systematischen Aufbau riesiger Stadtcluster verlagert, von denen jeder bis zu hundert Millionen Menschen beherbergen wird. Dabei sollen die Städte, die innerhalb eines solchen Clusters verknüpft werden, wirtschaftlich, ökologisch und politisch zusammenarbeiten. Dadurch soll wiederum die Wettbewerbsfähigkeit der einzelnen Regionen gesteigert werden. Durch diesen Hub in Megacitys und künftig in die sogenannten Megalopolen, also das Zusammenwachsen von Megacitys, schafft Chinas Wirtschaftspolitik Fakten.

Mit der Vorstellung des aktuellen 14. Fünfjahresplans im März 2021 erhielt man auch Einblick in Chinas Vision 2035. Sie sieht diese Entwicklung von sogenannten Megastädten vor, die zweierlei Ziele verfolgen. Zum einen will man ein qualitativ hochwertigeres Wachstum des Binnenkonsums sowie bessere Kapazitäten für die wertschöpfende Produktion erreichen. Zum anderen will man stärkere regionale Handels- und Investitionspartnerschaften mit ASEAN sowie den sogenannten Belt & Road-Regionen[11] fördern. China will damit bis 2035 den Aufstieg zu einer sogenannten „mäßig wohlhabenden Nation" schaffen.

---

[11] Chinas Gürtel- und Straßeninitiative (BRI) (yīdài yīlù, 一带一路) ist eine von der Volksrepublik China initiierte Strategie, die darauf abzielt, Asien über Land- und Seeverbindungen mit Afrika und Europa zu verbinden, um die regionale Integration zu verbessern, den Handel zu steigern und das Wirtschaftswachstum zu fördern.

1.6 Die künftigen Stadtcluster Chinas

Was sind nun die konkreten Ziele für das Wachstum der chinesischen Städte? Der Kern besteht in dem Vorhaben, etwa die Hälfte der Menschen, die in Städte abwandern in fünf Großstadtclustern anzusiedeln:

- Die Region Beijing-Tianjin-Hebei, das sogenannte „Jing-Jin-Ji" Cluster
- Das Yangtse Delta
- Das Gebiet am mittleren Yangtse Flusslauf
- Die Guangdong-Hong Kong-Macao Greater Bay Area, kurz „GBA"
- Das Stadtcluster Chongqing-Chengdu, das sogennte Cheng-Yu Cluster

Die Absicht der Regierung dabei ist, diese fünf Megalopolen als regionale sozioökonomisch und auch kulturelle „Kraftzentren" zu fördern. Dabei soll jedes dieser Zentren den „inneren Kreis" im Sinne des Dual Circulation Ansatzes beleben und darüber hinaus auch als „externer Kreis" für den Austausch Chinas mit der Weltwirtschaft dienen. In Summe werden diese fünf neuen Stadtcluster mehr als 600 Mio. Menschen beherbergen, eine bislang unvorstellbare Größenordnung globaler Stadtplanung.

Die Kategorisierung von Städteverbünden in Megalopolen ist dabei nicht das Novum in der Vision 2035. So stellte man bereits in den 1950ern fest, dass die 1000 km lange Region von Boston bis Washington, D.C., mit ihren etwa 30 Mio. Einwohnern zunehmend wie eine einzige große Stadt funktionierte. In den 1970ern entstand einer der bis heute erfolgreichsten Städtegürtel in Japan, der sogenannte Taiheiyo-Gürtel (太平洋ベルト), der sich über eine Länge von annähernd 1200 km von Tokio über Nagoya bis nach Osaka zieht. Er beherbergt zwei Drittel der japanischen Bevölkerung und erwirtschaftet gut 70 % des Bruttosozialprodukts Japans. Das Novum bei Chinas Errichtung von Megalopolen ist die schier unvorstellbare Größe sowie die Planmäßigkeit und Systematik des Vorgehens bei den einzelnen Clustern. So wird ein komplett neues Netz von Bahnlinien gebaut, die Städte innerhalb eines Clusters sowie auch zwischen den Clustern verbinden, Regierungsbehörden in ganz China sind angehalten Apps zu entwickeln, um den Einwohnern effizienter helfen zu können und trotz gegenseitiger Konkurrenz müssen die Städte zusammenarbeiten, um Umweltverschmutzung zu überwachen und zu beseitigen. Vorteilhaft wirkt sich hierbei die zunehmende Erfahrung Chinas bei der Stadtplanung aus, die mittlerweile bereits ein eigenes „Exportmodell" für den Aufbau von „Musterstädten" darstellt.

1.6.1 Das Jing-Jin-Ji Cluster (京津冀城市群): stärkere Integration in Regionen mit deutlichem Ungleichgewicht

Jing-Jin-Ji besteht aus den beiden autonomen Städten Beijing und Tianjin sowie aus 11 Verwaltungseinheiten in der umliegenden Provinz Hebei. Der Name Jing-Jin-Ji setzt sich aus Teilen der Namen von **Bei**jing und Tian**jin** sowie dem historischen Namen der Provinz Hebei (**Ji**) zusammen. Das Gebiet von Jing-Jin-Ji umfasst 216.000 qkm und hat eine Bevölkerung von etwa 110 Mio. Menschen.

Beijing als Hauptstadt Chinas wird das Zentrum der Politik, der Kultur und der technologischen Entwicklung bleiben, während die Hafenstadt Tianjin zu einer Produktions- und Handelsdrehscheibe werden soll und die Stadtverwaltung sowie hochwertige Produktion und Forschung und Entwicklung sich in Hebei ansiedeln werden.

Im direkten Vergleich mit dem Yangtse Delta-Städtecluster und der Greater Bay Area ist die Region Jing-Jin-Ji die wirtschaftlich schwächste Region und trägt 9 % zur gesamten Wirtschaftsleistung Chinas bei. Durch die Integration der Regionen soll vor allem der chinesische Norden gestärkt werden, um die Ungleichheit innerhalb des Landes zu verringern.

1.6.2 Der Yangtse Delta Cluster (长三角城市群): der reiche Hub im Osten

Neben der Stadt Shanghai umfasst die Region des Yangtse Deltas traditionell die Provinzen Jiangsu und Zhejiang und seit kurzem auch die Provinz Anhui. Die gesamte Region umfasst 211.770 km^2 und ist damit mehr als doppelt so groß wie Südkorea.

Derzeit ist das Yangtse-Delta Chinas reichste Pro-Kopf-Region und erwirtschaftete 2016 ein BIP von 17,72 Billionen CNY (2,76 Billionen US$), was etwa 20 % des nationalen BIP entspricht. Es ist für ein Drittel der Ein- und Ausfuhren Chinas verantwortlich und hat eine Bevölkerung von etwa 150 Mio. Menschen, also 11 % der Gesamtbevölkerung des Landes.

1.6.3 Der Yangtse Mittellauf Cluster (长江中游城市群): der Knotenpunkt in der Mitte Chinas

Der Yangtse Mittellauf setzt sich aus drei Provinzen mit deren Hauptstädten zusammen: Wuhan in Hubei, Changsha in Hunan sowie Nanchang in Jiangxi. Der Cluster wird als Pilot für eine neue Urbanisierung Zentral- und Westchinas gesehen. Gleichzeitig gilt er als Demonstration der weiteren Öffnung von Chinas Landesinneren. Dominiert wird er von Wuhan. Mit mehr als elf Millionen Einwohnern ist es die größte Stadt Zentralchinas, im Ballungsraum leben sogar mehr als 20 Mio. Menschen. Die rasant gewachsene Metropole in Zentralchina weist ein BSP auf, das sie unter die Top 10 Städte Chinas bringt und ist einer der wichtigsten Knotenpunkte Chinas für Handel, Industrie und Erziehung. Interessant ist die geschichtliche Verbindung Wuhans zu Frankreich durch Handelsbeziehungen seit der Qing Dynastie. So gehören französische Firmen zu den größten Investoren in der Region.

1.6.4 Die Guangdong-Hong Kong-Macao Greater Bay Area (GBA, 粤港澳大湾区): der etablierte Manufaktur und Hightech-Hub im Süden

Die Region besteht aus neun Städten im Perlflussdelta Flussdelta (Shenzhen, Guangzhou, Foshan, Dongguan, Zhuhai, Zhongshan, Huizhou, Zhaoqing, Jiangmen) und zwei Verwaltungsregionen (Hongkong und Macao). Mit einer Bevölkerung von über 70 Mio. Menschen erwirtschaftet die GBA mehr als ein Zehntel des chinesischen Sozialproduktes. Der GBA-Plan sieht vor, dass die Region zu einer global wettbewerbsfähigen, vernetzten und innovativen Megaregion werden soll. Bereits Ende 2019 lag das BIP des Clusters bei 1,68 Billionen US$, und das BIP pro Pro-Kopf-BIP bei 23.371 US$.

1.6.5 Der Chongqing-Chengdu Megacluster (成渝城市群): die Neuplanung für Westchina

Der neu geplante Metropolcluster Chongqing-Chengdu, der sog. Cheng-Yu[12] Cluster, wird als Zentrum für die Entwicklung Westchinas, als Tor zum Yangtse-Wirtschaftsgürtel, als Logistikknotenpunkt für die eurasische Belt & Road-Initiative und als strategischer wirtschaftlicher Dreh- und Angelpunkt für die ASEAN dienen.

Angesichts der Infrastruktur, die am Schnittpunkt dieser gewaltigen Entwicklungsprogramme geschaffen wird, sollen die Straßen- und Schienennetze von Chongqing-Chengdu mit den wichtigsten internationalen Märkten verbunden sein, auch mit denen des nahen Südostasiens. So verkehren bereits wöchentliche Ganzzugverbindungen ab Duisburg nach Chongqing. Allein die Größe des Stadtgebiets von Chongqing ist mit der ganzer Länder vergleichbar, während die neun inneren Bezirke mit der Fläche führender Weltstädte wie New York, London, Paris, Hongkong und Singapur vergleichbar sind. Die Wachstumsrate von Chongqing war in den letzten Jahren sogar dreimal so hoch wie die der beiden letztgenannten Städte.

1.7 Kaufkraft und Gehälter

Die Zeiten Chinas als Billiglohnland und Billigproduzent sind vorbei. So wie sich Chinas wirtschaftliche Entwicklung immer schneller entwickelte, so begannen auch die Löhne und Gehälter sich deutlich stärker anzupassen. Speziell zum Tragen kamen dazu die teilweise unvorstellbaren Kostenentwicklungen in den 1. Tier Städten. Wer Mitte der 2010er Jahre in den großen Städten Chinas, speziell in und um Shanghai und Beijing, Mitarbeiter gewinnen musste, sah sich mit Gehaltsniveaus für Fach- und Führungskräfte konfrontiert, die international aufgeholt hatten und in einigen Bereichen deutsche Niveaus hinter sich ließen.

In den 2000ern sind die Gehälter in China im Durchschnitt jährlich um etwa 14 % gestiegen und korrelierten damit mit Wachstumsraten in Industrie und Handel von bis zu 40 % und mehr jährlich. Seit den 2010ern ist die Entwicklung etwas abgeflacht, doch lag sie bis zur Mitte der 2010er immer noch bei etwa 10 %. Der Ausbruch der Covid-Pandemie und der massive Einfluss auf die Weltwirtschaft haben die Gehaltsanpassungen verlangsamt. Während speziell Europa

---

[12] Der Name des Clusters leitet sich aus der Zusammensetzung von chéng (成) für die Stadt Chengdu (成都) sowie yú (渝), dem historischen Namen der Stadt Chongqing (重庆), ab.

1.7 Kaufkraft und Gehälter

und die USA nun zusätzlich seit 2022 mit massiven Inflationstendenzen konfrontiert werden, sind die Preisentwicklungen in China – teils durch staatliche Deckelung – auf einem eher moderaten Niveau geblieben. So war China in den vergangenen beiden Jahren mit Gehaltssteigerungen im Rahmen von 3 % bis 6 % der Spitzenreiter in Asien.[13]

Das bedeutet nun nicht, dass die Gehälter in China bereits auf breiter Basis das europäische Niveau erreicht haben, zumindest was die Positionen betrifft, die ein niedrigeres Bildungsniveau erfordern. Anders sieht es bei leitenden Positionen und boomenden Wirtschaftssektoren mit starker Nachfrage nach Talenten wie Biowissenschaften, IT, KI und digitaler Transformation aus. Gleichzeitig haben vor allem chinesische Unternehmen in den vergangenen Jahren die Qualifikationsanforderungen an Bewerber deutlich erhöht, da sie enormen Bedarf an höherwertigen technischen Talenten mit ergänzenden Eignungen wie operativen Fähigkeiten, Geschäftssinn sowie Stakeholder-Management-Fähigkeiten suchen.

Es liegt auf der Hand, dass das Lohngefälle innerhalb Chinas sowie zwischen China und Deutschland von einer Reihe von Faktoren abhängt. Ein wichtiger Faktor ist die Region innerhalb Chinas. So liegt beispielsweise der Mindestlohn in Schanghai etwa 60 % über dem in Guizhou, einer armen Provinz im Westen Chinas. Für jede Region, Präfektur- und Kreisstadt gibt es sogenannte spezifische Mindestlohnwerte, die regelmäßig – mindestens alle zwei Jahre – aktualisiert werden. Sie können als Indikator für das allgemeine Lohnniveau in einer Provinz angesehen werden und ausländischen Firmen zumindest ansatzweise helfen, die betreffende Region besser einzuschätzen. So liegen die Löhne in Beijing, Shanghai und Shenzhen viel näher am europäischen Niveau als in einigen westlichen Provinzen.

Ein weiterer Faktor ist die Position, also Fachkräfte, mittleres und oberes Management. Im Allgemeinen ist das Lohngefälle zwischen Europa und China in den unteren Positionen viel größer – auch ein Ausdruck der größeren Ungleichheit in der chinesischen Gesellschaft. Schließlich gibt es auch Unterschiede bei den Eigentumsverhältnissen chinesischer Unternehmen. Während das Lohnniveau börsennotierter chinesischer Unternehmen dem von Unternehmen in westlichem Besitz ähnelt, ist das Lohnniveau bei staatlichen und privaten Unternehmen immer noch etwas niedriger und damit der Gehaltsunterschied zu europäischen Unternehmen auch größer.

---

[13] AHK Greater China, Labor Market and Salary Report 2022/23. https://china.ahk.de/market-info/economic-data-surveys/labor-market-and-salary-report. Zugegriffen: 23. März 2023.

Der Hauptgrund für die hohen Gehaltssteigerungen ist der allgemeine Anstieg des Bruttoinlandsprodukts und nicht der Anstieg der Gehälter im Verhältnis zum BIP. Weitere Gründe sind die leicht rückläufige Gesamtzahl der Erwerbstätigen und die Politik der Regierung, die Mindestlöhne häufig zu erhöhen (um bis zu 20 % pro Jahr). Die größte Triebkraft für Gehaltserhöhungen ist jedoch nach wie vor der Mangel an einschlägiger Erfahrung in der Erwerbsbevölkerung. Chinas Wirtschaft ist in den letzten zehn Jahren so stark gewachsen, dass nicht genügend Menschen über die erforderliche Fach- und Führungserfahrung verfügen, insbesondere nicht für höhere Positionen. Der Wettbewerb um diese hochqualifizierten Mitarbeiter ist daher hart, und die Unternehmen müssen wettbewerbsfähige Gehälter zahlen, um hier Mitarbeiter zu gewinnen.

1.8 (Tele)Kommunikation: China ist die weltgrößte Mobile First-Gesellschaft

China ist einer der größten und wachstumsstärksten Telekommunikationsmärkte der Welt. Es ist gleichzeitig ein sehr gutes Beispiel, wie für sich entwickelnde Länder Investitionen in Technologie und Innovation in die Informationsindustrie enorme Triebkräfte für eine Steigerung der Wachstumsleistung sein können und sie so ohne eine ältere Telekommunikationsstruktur auf ein höheres technologisches Niveau springen können. Mit riesigen Investitionen in die Infrastruktur, schrittweisen Reformen und einer sprunghaften Dynamik durch den WTO-Beitritt hat China seinen Telekommunikationsmarkt und die landesweite Digitalisierung vorangetrieben. In der Anfangszeit der Volksrepublik galt diesem Sektor nicht die erste Priorität sondern der Entwicklung der industriellen Struktur. Das prozentuale Wachstum des Telekommunikationssektors blieb hinter dem des BIP zurück. Auch zeigten sich deutliche Verzerrungen, da nahezu alle Entwicklungen in städtischen Gebieten stattfanden. Das ländliche Umfeld blieb weitestgehend außen vor, die meisten ländlichen Gebiete hatten in den ersten dreißig Jahren seit Gründung der Volksrepublik keine Anschlüsse.

Mit der Reform- und Öffnungspolitik unter Deng Xiaoping wurde die Verbesserung der Telekommunikationsinfrastruktur dann jedoch zu einer der ersten Prioritäten im Reformprozess. Waren Telekommunikationsprodukte vor der Öffnung und Reform als weniger wichtige Konsumgüter betrachtet worden, so rückte der Sektor nun als wichtiger Teil der wirtschaftlichen Infrastruktur und als Hauptquelle für die Steigerung der Produktivität in den Mittelpunkt. Das Ergebnis kennen und sehen wir jetzt: China ist in Rekordzeit (1993, vor dreißig Jahren gab es in China 22,2 Mio. angemeldete Telefonanschlüsse, Ende 2022 1,68 Mrd.

Mobilfunkverträge!) nicht nur zu einer Mobile First-Gesellschaft mit einer Penetrationsrate von 99,7 % für mobiles Internet[14] geworden sondern generell zu einem Vorreiterland, was die Digitalisierung betrifft.

Auch der Mobilfunkstandard der fünften Generation (5G) setzt sich in China rasch durch. Chinesische Verbraucher sind technikbegeisterte Konsumenten und setzen auf neue und 5G-taugliche Geräte. Laut dem aktuellen 14. Fünfjahresplan sollen bis 2025 landesweit über 3,6 Mio. Sendestationen für diesen neuen Standard installiert sein, die Gesamtinvestitionen in die neue Infrastruktur sollen sich bis dahin auf etwa 600 Mrd. US$ summieren. Somit spielt China bei 5G bereits eine globale Vorreiterrolle. Nach Angaben der zuständigen Behörde MIIT[15] waren Ende 2021 bereits alle chinesischen Städte mit dem neuen Standard abgedeckt. Die meisten Investitionen werden daher in den kommenden Jahren auf dem Land stattfinden.

Langfristig wird 5G das nächste Kapitel der digitalen Wirtschaft einläuten, in dem die neue Daten- und Kommunikationsinfrastruktur nicht nur den Datenkonsum ankurbeln, sondern auch zum Hauptkanal für den Informationsaustausch werden wird. Intelligente Verbindungen und die Integration von Cloud und Netzwerken werden für jeden Aspekt der industriellen Produktion und der intelligenten Geräte von wesentlicher Bedeutung sein. Dies wiederum wird den Multiplikatoreffekt der Digitalisierung auf das Wirtschaftswachstum freisetzen.

Glossar der verwendeten Abkürzungen

BIP	Bruttoinlandsprodukt
BSP	Bruttosozialprodukt
Tier	Städteregion, Städterang (Tier 1 Cities: Erstrangige Städte)
BRI	Belt and Road Initiative (Neue Seidenstraße Initiative)

---

[14] South China Morning Post Research: China Internet Report 2021.
[15] Xinhuanet (2021), China reports expansion in 5G network coverage. http://www.xinhuanet.com/english/2021-07/18/c_1310068609.htm. Zugegriffen: 23. März 2023.

Literatur

1. United Nations, Department of Economic and Social Affairs, Population Division (2018). World Urbanization Prospects: The 2018 Revision. The World's Cities in 2018.
2. National Data, National Bureau of Statistics of China. https://data.stats.gov.cn/easyquery.htm?cn=C01&zb=A0305&sj=2022. Zugegriffen: 23. März 2023.
3. Zhang Jie (2019), China Daily, Urbanization rate to reach 70% by 2035: Study (2019). https://www.chinadaily.com.cn/a/201906/24/WS5d1089b0a3103dbf14329ea7.html. Zugegriffen: 23. März 2023.
4. National Data, National Bureau of Statistics of China. https://data.stats.gov.cn/english/easyquery.htm?cn=E0103. Zugegriffen: 23. März 2023.
5. National Data, National Bureau of Statistics of China. http://www.stats.gov.cn/tjsj/ndsj/2022/indexeh.htm. Zugegriffen: 23. März 2023.
6. South China Morning Post, Urban legend: China's tiered city system explained. https://multimedia.scmp.com/2016/cities/. Zugegriffen: 23. März 2023.
7. China Daily (2021), 15 new Chinese first-tier cities. https://www.chinadaily.com.cn/a/202106/07/WS60bd4effa31024ad0bac3e5f.html. Zugegriffen: 23. März 2023.
8. AHK Greater China, Labor Market and Salary Report 2022/23. https://china.ahk.de/market-info/economic-data-surveys/labor-market-and-salary-report. Zugegriffen: 23. März 2023.
9. South China Morning Post Research: China Internet Report 2021.
10. Xinhuanet (2021), China reports expansion in 5G network coverage. http://www.xinhuanet.com/english/2021-07/18/c_1310068609.htm. Zugegriffen: 23. März 2023.

Kenntnis und Verständnis politischer Leitlinien zur Stärkung des Binnenmarktes

2

> **Zusammenfassung**
>
> Ende 2020 hatten sich die EU und China nach sieben Jahren Verhandlung auf ein ambitioniertes und umfassendes Investitionsabkommen verständigt, seit 2021 ist die Ratifizierung in der EU jedoch auf Eis gelegt. Chinas zunehmende Betonung der wirtschaftlichen Sicherheit sowie geopolitische Spannungen bedeuten, dass ausländische Firmen vorsichtig vorgehen müssen. Für deutsche Unternehmen ist es daher wichtig die chinesischen Leitlinien im Kern zu kennen und Chinas entwicklungspolitische und politische Prioritäten im Auge zu behalten, um von neuen Möglichkeiten zu profitieren und Risiken zu reduzieren. Dazu gehören Begriffe wie „Fünfjahresplan", „Dual Circulation", „Common Prosperity", „Social Credit System" sowie „Datenschutz und Datensicherheit". China wird in den kommenden Jahren die Handels- und Investitionsbeziehungen mit dem Ausland weiter vertiefen, dabei jedoch die übergeordneten Ziele der Förderung eines qualitativ hochwertigen Wachstums und der Gewährleistung wirtschaftlicher Sicherheit als Maßstab setzen. Im Großen und Ganzen wird dies zu mehr Öffnung in einer ganzen Reihe von Wirtschaftssektoren führen, aber gleichzeitig auch zu einer strengeren Prüfung ausländischer Investitionen und des Handels.

2.1 Der aktuelle Fünfjahresplan und die Ziele für die Wirtschaft

Die Fünfjahrespläne sind speziell auch für ausländische Unternehmen ein wichtiger Leitfaden, wohin der wirtschaftspolitische Kurs der chinesischen Führung geht. Es lässt sich aus ihnen lesen, ob und in welchen Bereichen sich die Rahmenbedingungen verändern und wo sich neue Betätigungsmöglichkeiten und damit Erfolgschancen auftun können, die sich aus einer stärkeren Förderung bestimmter Branchen ergeben.

Der 14. Fünfjahresplan (2021–2025, im folgenden 14. FJP)[1] für die wirtschaftliche und soziale Entwicklung der Volksrepublik China wurde im März 2021 vom 13. Nationalen Volkskongresses verabschiedet. Im Gegensatz zu der für die Vergangenheit charakteristischen Betonung von Wirtschaftswachstum und Umstrukturierung konzentriert sich der Plan auf nachhaltiges Wachstum und Lebensqualität. Er enthält relativ wenig quantitative Ziele, dafür aber eine Vielzahl von kurzfristigen Prioritäten für die VR China in den Bereichen Wirtschaft, Handel, Wissenschaft & Technik, Verteidigung, Soziales, Kultur und Umwelt. Die aufgeführten 20 quantitativen Ziele, von denen 8 verbindlich sind, verteilen sich auf fünf Kategorien: wirtschaftliche Entwicklung, Innovation, Wohlergehen der Menschen, ökologische (nachhaltige) Entwicklung sowie Nahrungsmittel- und Energiesicherheit. Erwähnenswert ist, dass sich sieben Ziele auf das Wohlergehen der Menschen konzentrieren, der höchste Anteil in allen bisherigen Plänen.

Generell gestaltet sich der aktuelle Plan mit deutlich wahrnehmbaren Unterschieden zu den vorhergehenden und ist für die chinesische Führung von besonderer Wichtigkeit, da er mit dem Start im Jahr 2021 die initialen Jahre des neuen Weges Chinas zum vollständigen Aufbau eines modernen sozialistischen Landes sowie zur Erreichung der Ziele der zweiten hundert Jahre darstellt (die KP Chinas war 1921 gegründet worden und mit dem Jahr 2021 waren die ersten hundert Jahre und das Ziel einer „mäßig wohlhabenden Gesellschaft" erreicht worden). Auch sieht Chinas Führung die kommenden fünf Jahre als eine „kritische Periode strategischer Gelegenheiten", in der es gilt, neue Entwicklungsmodelle zu erforschen und zu erproben. Ergänzend tauchen erstmalig in einem FJP sogenannte „Langfristige Ziele bis 2035" auf, die auch als „China Vision 2035" bezeichnet werden. Erstmalig werden auch jährliche Wachstumsziele für das Bruttoinlandsprodukt im Planverlauf flexibel festgelegt und nicht wie bislang üblich für den gesamten Zeitraum des Plans.

---

[1] 14th Five-Year Plan for National Informatization (2021). http://www.gov.cn/xinwen/2021-12/28/5664873/files/1760823a103e4d75ac681564fe481af4.pdf. Zugegriffen: 23 März 2023.

Bestandteile des Planes wie das „Dual Circulation" Entwicklungsschema zeigen deutlich die Reflektion der chinesischen Führung auf die zunehmend volatilen Entwicklungen in der Weltwirtschaft, Geopolitik und Klimawandel. So wird auch der neu gesetzte Schwerpunkt zur wirtschaftlichen Entwicklung verständlich: Chinas Binnenmarkt muss massiv gestärkt werden. Fertigung und Digitalisierung rücken damit in den Vordergrund sowie ein deutliches Ankurbeln des Binnenkonsums. Der Anteil der digitalen Wirtschaft am BIP soll bis 2025 bei 10 % liegen.

Innovation steht im Mittelpunkt der Agenda zur Modernisierung mit einem 10-Jahres-Aktionsplan für Grundlagenforschung und jährliche Ausgabenerhöhungen um mindestens 7 % für Forschung und Entwicklung. Der Lebensstandard soll deutlich verbessert werden mit Maßnahmen zur Erhöhung der Einkommen, der Förderung von Beschäftigungsmöglichkeiten, dem Aufbau integrativer, qualitativ hochwertiger Bildungs- und Gesundheitssysteme und der Verbesserung des Sozialversicherungssystems.

2.2 Wirtschaftliche Kernsegmente und Schlüsselthemen im Fünfjahresplan

2.2.1 Finanzsektor

Eines der Hauptthemen ist die Öffnung und weitere Reform des Finanzsektors, wobei das gegenwärtige Finanzsystem Chinas vom Bankensektor dominiert wird. Mit dem Binnenmarkt als Hauptstütze für das künftige Wachstum wird einheimische Innovation entscheidend und Unternehmen müssen zur erfolgreichen Modernisierung in den betreffenden Branchen in einem mehrstufigen Investitions- und Finanzierungssystem operieren. Weiter wird im Plan die Zukunft zahlreicher Teilbereiche der Versicherungswirtschaft erörtert, darunter Themen wie die Pflegeversicherung, Basis-Krankenversicherung, Basis-Rentenversicherung und das Drei-Säulen-Rentenversicherungssystem. Bereits in den letzten Jahren wurden ausländische Finanzinstitute aufgrund ihres internationalen Fachwissens und ihrer Best Practices ermutigt, in China zu investieren. Im aktuellen FJP wird sich dieser Trend fortsetzen und wird damit für ausländische Finanzinstitute im gesamten Finanzspektrum (Banken, Versicherungsgesellschaften, Wertpapierfirmen, Vermögensverwalter) relevant.

Während der letzten zwei Sitzungsperioden im März 2023 hat China den Entwurf eines Plans für die größte Umstrukturierung der Abteilungen des Staatsrats seit fünf Jahren vorgestellt. In einem weiteren entscheidenden Versuch, die Regulierungsfähigkeit und -effizienz zur Bewältigung von Finanzrisiken zu verbessern, sieht der Reformplan weitreichende Reformen der Finanzregulierungsmechanismen sowohl auf nationaler als auch auf lokaler Ebene vor. Eine neue Nationale Finanzregulierungsbehörde (国家金融监督管理总局) wurde am 18. Mai 2023 eingerichtet, die direkt dem Staatsrat untersteht und die gesamte Finanzbranche (mit Ausnahme des Wertpapiersektors) auf der Grundlage der China Banking and Insurance Regulatory Commission (die ersetzt wird) beaufsichtigen soll. Chinas Finanzaufsichtsbehörden werden aus der People's Bank of China, der National Financial Regulatory Administration, der China Securities Regulatory Commission und der State Administration on Foreign Exchange bestehen.

2.2.2 Konsumentenmarkt

Der Konsum ist zum Eckpfeiler der chinesischen Wirtschaft geworden, wobei neue Formen des Konsums und neue Geschäftsmodelle entstehen. Nach einer anfänglichen Erholung des Verbrauchermarktes im Jahr 2020 zeigten sich in den Folgejahren durch die andauernde Pandemie Abschwächungszeichen, am deutlichsten im Verlauf der zweiten Jahreshälfte 2022. Mit der Entscheidung der Regierung Anfang Dezember 2022, die Null Covid Politik aufzuheben, wird eine Erholung der Wirtschaft das Hauptziel, damit die im Plan geforderte Formulierung der „Stimulierung des Verbrauchs in allen Sektoren" sowie ihrer Implementierung zum Tragen kommt. Konkret sollen der Aufstieg der einheimischen chinesischen Marken massiv gefördert, boomende neue Konsummuster wie Livestream-E-Commerce, privater Domainverkehr und zollfreies Einkaufen (die „Urlaubsinsel" Hainan erfährt eine massive Aufwertung und wird in einem Pilotprojekt zum Freihafen transformiert) unterstützt, die bestehenden großen Märkte in den kleineren Städten (also die Tier 4 Städtecluster) sowie ländlichen Gebieten konsequent aufgewertet und lokale Dienstleistungen wie der Gruppenkauf (der sich extrem stark im ländlichen Umfeld entwickelt hat) ausgebaut werden.

2.2.3 Industrielle Fertigung

Unter dem 14. FJP will die Regierung den Übergang von einer umweltschädlichen und energieintensiven Schwerindustrie fortsetzen und zielt auf einen Aufstieg in der Wertschöpfungskette ab. Dabei geht es durchaus auch um das Erreichen der technologischen Unabhängigkeit und Ausbau der Stärke, um ein führender Produktionsstandort in den Bereichen grüner Technologie, erneuerbarer

Energien sowie von Fahrzeugen mit neuen Energien zu werden. Die Empfehlungen zielen darauf ab, „die Modernisierung der Industrie- und Lieferketten zu fördern und den Anteil des verarbeitenden Gewerbes stabil zu halten". Mit 5G, dem industriellen Internet der Dinge, Big-Data-Analysen und anderen neuen Infrastrukturen soll die Fertigungsindustrie eine neue Ära der Transformation einleiten.

2.2.4 Automobilindustrie

Die sogenannten „vier neuen Modernisierungen" (Elektrifizierung, Intelligenz, Konnektivität sowie gemeinsame Nutzung) sollen die künftige Landschaft der Automobilindustrie neu gestalten und durch eine Verlagerung vom Beschaffungsmanagement zum Nutzungsmanagement umgestalten. Dieser Industriesektor spielt eine wichtige Rolle für die wirtschaftliche und soziale Entwicklung Chinas. Was die industrielle Fertigung betrifft, so macht die Wertschöpfung der Automobilindustrie etwa 7 % der gesamten Wertschöpfung des Industriesektors aus. Sie verfügt über eine breite industrielle Versorgungskette, die viele verwandte Industriezweige umfasst, und hat daher einen erheblichen Einfluss auf das industrielle Wachstum. Was die Auswirkungen auf den Verbrauchermarkt betrifft, so macht der Automobilkonsum fast 30 % des gesamten Einzelhandelsumsatzes mit Konsumgütern aus, stellt also einen erheblichen Beitrag zum Einzelhandelssektor dar. Der 14. FJP ist damit ein kritischer Zeitraum für die Umgestaltung und Modernisierung der chinesischen Autoindustrie. So kommt mit den EVs (Electric Vehicles, also Elektroautos) in China eine neue Technologie auf den Markt, die den Vorsprung der etablierten westlichen Hersteller deutlich reduziert. Neben der massiven Unterstützung dieses neuen Segmentes durch die chinesische Regierung verfügt China über die Weltmarktführerschaft in der Herstellung von Batterien und die chinesischen Hightech-Giganten investieren immer stärker in das neue Automobilsegment.

2.2.5 Gesundheitswesen und Biowissenschaften

Das digitale Gesundheitswesen soll neue Entwicklungschancen eröffnen. Der weltweite Ausbruch von COVID-19 hat die Branchen Gesundheitswesen und Biowissenschaften in den Mittelpunkt gerückt. Themen wie Vorbeugung und Frühwarnung von Infektionskrankheiten, Impfstoffforschung und -entwicklung, medizinische Ausrüstung sowie medizinische Onlinedienste sind entscheidende

Zukunftssegmente. Die Empfehlungen des FJP enthalten einen detaillierten Plan für die Entwicklung der Gesundheits- und Biowissenschaftsbranche in China. Er deckt dabei eine ganze Reihe von Bereichen ab, darunter die Gesamtplanung und die Kostenerstattung für die Krankenversicherung, das mehrstufige Gesundheitssystem, die sozialen medizinischen Dienste, die medizinische Fernbehandlung, die traditionelle chinesische Medizin und das Management chronischer Krankheiten, was diesen Branchen breite Entwicklungsperspektiven eröffnen soll.

2.2.6 Technologie

Hier geht es im Kern um die Grundlagenforschung sowie die Förderung unternehmensgetriebener Innovation und wie man diese vorantreiben kann. Die „konsequente Verfolgung einer innovationsgetriebenen Entwicklung zur umfassenden Gestaltung neuer Entwicklungsvorteile" wird zur obersten Priorität für Chinas gesellschaftliche Entwicklung erklärt. Das 14. FJP ist damit der erste Plan, der der technologischen Innovation ein eigenes Kapitel gewidmet hat. Die Betonung liegt auf Innovation. Sie soll der Kern aller Bemühungen des Landes um eine umfassende Modernisierung sein. Dabei sollen wissenschaftliche und technologische Eigenständigkeit als unterstützende Strategie für die nationale Entwicklung dienen. China will durch die weitere zügige Entwicklung von Wissenschaft und Technologie mit den führenden globalen Trends Schritt halten. Die Empfehlungen zum Erreichen dieser Ziele sollen durch die gründliche Umsetzung der Strategien zur Verjüngung der Nation durch Wissenschaft und Bildung, zur Förderung von Talenten sowie zur Förderung einer innovationsgetriebenen Entwicklung erreicht werden. Dies soll China in die Lage versetzen, seine Innovationsfähigkeit zu verbessern und seine Umwandlung in eine wissenschaftliche und technologische Macht zu beschleunigen.

2.3 Kurz- und mittelfristige Ziele sowie langfristige Zielsetzungen des 14. Fünfjahresplanes

Der 14. FJP beinhaltet als erster Fünfjahresplan nicht nur die Ziele für die fünfjährige Periode bis 2025. Erstmalig tauchen auch Zielsetzungen für einen längeren Zeitraum auf, nämlich bis zum Jahr 2035.

Zu den periodenrelevanten Zielen, die für die wirtschaftlichen Bereiche gesetzt sind, zählen dabei

2.3 Kurz- und mittelfristige Ziele sowie langfristige Zielsetzungen ...

- Hochwertiges Wirtschaftswachstum: auf der Grundlage einer deutlichen Verbesserung und Effizienz plant China eine nachhaltige und gesunde wirtschaftliche Entwicklung und dabei das Wachstumspotenzial voll auszuschöpfen. Vor allem der Binnenmarkt soll signifikant gestärkt, die gesamte Wirtschaftsstruktur weiter verbessert und die Innovationskapazität erheblich gestärkt werden. Die industrielle Basis soll verbessert und die industrielle Wertschöpfungskette weiter modernisiert werden.
- Weitere Reform und Öffnung: China will seine sozialistische Marktwirtschaft weiter verbessern und ein Marktsystem mit hohen Standards aufbauen. So sollen erhebliche Fortschritte bei der Entwicklung eines fairen Wettbewerbssystems, den Reformen des Eigentumsrechtssystems sowie der marktorientierten Zuteilung von Produktionsfaktoren erzielt werden.
- Umwelt: Chinas Führung strebt neue Fortschritte beim Aufbau einer ökologischen Zivilisation an. Im Rahmen dessen sollen die Schadstoffemissionen weiter reduziert und die Umwelt deutlich verbessert werden. Hier ist der FJP verknüpft mit der Bekräftigung von Chinas Ziel der Klimaneutralität im Jahr 2060. Der Höchstwert soll dabei 2030 erreicht sein.
- Wohlergehen der Menschen: Nach der Verkündung des Sieges über die Armut plant Chinas Führung das Wohlergehen der Menschen durch das Schaffen von mehr und hochwertigeren Arbeitsplätzen weiter zu verbessern. Weiter soll die Bevölkerung auch einen deutlich gerechteren Zugang zu grundlegenden öffentlichen Dienstleistungen erhalten.

Die Aufnahme der langfristigen Ziele für China, die bis 2035 erreicht werden sollen, zeigt erstmals klar die Position, die China in geopolitischer und weltwirtschaftlicher Hinsicht einnehmen soll. Chinas Führung will dabei bis zu dem gesetzten Datum eine grundlegende sozialistische Modernisierung erreichen:

- Erhebliche Steigerung der wirtschaftlichen und technologischen Stärke Chinas sowie der nationalen Stärke insgesamt. Die Volkswirtschaft weiter zu entwickeln und das Pro-Kopf-Einkommen der Stadt- und Landbewohner weiter zu erhöhen.
- Erzielung wichtiger Durchbrüche bei Kerntechnologien in Schlüsselbereichen und Übernahme einer weltweiten Führungsrolle im Bereich Innovation.
- Transformation in eine moderne Wirtschaft. Grundlegend neue Industrialisierung, IT-Anwendung, Urbanisierung und Modernisierung der Landwirtschaft.
- Aufbau eines neuen Musters der Öffnung mit intensiverer Beteiligung an der internationalen wirtschaftlichen Zusammenarbeit und am Wettbewerb.

- Anhebung des Pro-Kopf-BIP Chinas auf das Niveau der mittelmäßig entwickelten Länder. Erhebliche Vergrößerung der Gruppe der Länder mit mittlerem Einkommen.

2.4 Dual Circulation (国内国际双循环)[2] als Kernbestandteil und Entwicklungsschema des 14. Fünfjahresplan

Die Strategie des „doppelten Kreislaufs" wird zur Richtschnur für Chinas Entwicklung in den nächsten fünf Jahren.[3] Das Modell umfasst also zwei Kreisläufe, von denen einer im chinesischen Binnenmarkt zirkuliert. Diesen möchte China künftig stärken. Unter Berücksichtigung des externen und geopolitischen Umfelds werden sich die vorrangigen Bemühungen daher auf die Stimulierung der Binnennachfrage sowie der inländischen Wachstumsfaktoren konzentrieren. In diesem ersten Schritt sollen die wirtschaftliche Widerstandsfähigkeit sowie das Potenzial zur Selbstversorgung gestärkt und darüber hinaus durch das Schaffen eines einheitlichen und offenen Binnenmarktes die Reformen auf der Angebotsseite vertieft werden. Alle Fähigkeiten und Ressourcen sollen künftig besser auf dessen Bedürfnisse abgestimmt sein. Durch die Ankurbelung des Binnenmarktes und die Stärkung der technologischen Eigenständigkeit soll das Wachstum Chinas in den kommenden Jahren stärker vom „Binnenkreislauf" abhängen und weniger von der externen Umfeld beeinflusst werden, wie dem weltweiten Wirtschaftsabschwung (Inflation, Energie) und zunehmendem Protektionismus rund um die Welt.

Der zweite „äußere Kreislauf" zirkuliert zwischen China und dem Ausland und zwar durch Handel und Investitionen. Dieser externe Kreislauf soll optimiert werden. China benötigt auch in der Periode des 14. Fünfjahresplans und darüber hinaus ausländische Investitionen und die Ansiedlung ausländischer Unternehmen im Land. So hat die chinesische Führung bei der Darstellung des Dual Circulation Entwicklungsschema Richtungen und Empfehlungen vorgeschlagen, die den Austausch und die Integration von inneren und äußeren Kreislauf erleichtern

---

[2] Dual Circulation steht als Kurzform für „Domestic-International Dual Circulation (国内国际双循环)", wörtlich übersetzt „Der nationale – internationale Doppelkreislauf".

[3] Noch gibt es kein offizielles Dokument, das „Dual Circulation" detailliert beschreibt, genaue Inhalte oder den Zeitrahmen vorgibt. Zunächst haben der chinesische Präsident Xi, Regierungsbeamte sowie chinesische Experten lediglich Richtungen und Empfehlungen vorgeschlagen.

sollen. Für den äußeren Kreislauf bedeutet dies eine Förderung der Liberalisierung sowie Erleichterung von Handel und Investitionen, der Optimierung des Geschäftsumfelds und der „Inländerbehandlung" ausländischer Investoren. Es sollen Innovationen und Erprobung von Liberalisierungsmaßnahmen und Vorzugspolitiken durch Pilot-Freihandelszonen und -Häfen sowie spezielle wirtschaftliche Pilotzonen stattfinden. Dazu zählen beispielsweise Regionen wie die Greater Bay Area sowie der Hainan Free Trade Port. Neben einer weiteren Verstärkung der wirtschaftlichen und handelspolitischen Zusammenarbeit mit Ländern und Regionen entlang der „Belt and Road"-Initiative wird vor allem die Intensivierung der Zusammenarbeit mit den ASEAN-Ländern sowie anderen Entwicklungsländern deutlich verstärkt (Stichwort RCEP). Auch sollen die Einfuhren von hochwertigen Waren und Dienstleistungen zur Deckung der Inlandsnachfrage ausgeweitet werden.[4]

2.4.1 Freihandelszonen und der Freihandelshafen von Hainan

Die Pilot-Freihandelszonen spielen eine wesentliche Rolle in der Öffnung der chinesischen Wirtschaft und gelten oft als ein Testlabor für die Marktwirtschaft und neue Geschäftsmodelle. Die Freihandelszone ist ein bestimmtes geografisches inländisches Gebiet, das aber zollrechtlich als Ausland behandelt und verwaltet wird. Die Waren können dort ohne Zollgebühren und unter der Überwachung der Zollbehörde angelandet, umgeschlagen, hergestellt oder umgestaltet und wieder ausgeführt werden. Erst wenn die Waren an inländische Kunden ausgeführt und geliefert werden, unterliegen sie den geltenden Zollgebühren. Außerhalb der klassischen zollrechtlichen Funktionen werden neue wirtschaftliche Regelungen häufig auch in den Pilot-Freihandelszonen getestet, bevor sie landesweit umgesetzt werden.

Im Jahr 1990 wurde die Waigaoqiao Free Trade Zone (umbenannt in China (Shanghai) Pilot Free Trade Zone in 2013) als erste Freihandelszone in Shanghai genehmigt und gegründet. Laut der Statistik der Zollbehörde ist die Zahl der Freihandelszonen in China bis Ende 2021 auf 155 gewachsen. Der Import- und Exportwert der Freihandelszonen beträgt 5,9 Billionen CNY, was 15,1 %

---

[4] Zhou Lanxu, Cheng Yu, China Daily (2021), Dual circulation at heart of economic strategy. https://global.chinadaily.com.cn/a/202103/05/WS6041835fa31024ad0baace9f.html. Zugegriffen: 23 März 2023.

des nationalen Außenhandelsimports und -exports ausmacht.[5] Unter diesen 155 Freihandelszonen ist der Freihandelshafen von Hainan (Hainan Free Trade Port) besonders erwähnenswert. Als eine Insel hat Hainan den geografischen Vorteil als ein geschlossenes Gebiet verwaltet zu werden. Das Gesetz über den Freihandelshafen von Hainan ist am 10. Juni 2021 veröffentlicht worden und am gleichen Tag in Kraft getreten, wonach dem Volkskongress der Provinz Hainan sowie dessen Ständigem Ausschuss spezifische Gesetzgebungsbefugnisse gewährt werden, um damit die Vorschriften für den Freihandelshafen von Hainan auf der Grundlage der tatsächlichen Bedürfnisse zu formulieren. Nach dem Gesamtplan für die Entwicklung des Freihandelshafens Hainan (1. Juni 2020) soll vor 2025 auf der gesamten Insel ein Bereich mit eigenem Zollverfahren einrichtet werden, wo die Freizügigkeit vom Kapital, Menschen, Verkehr und Daten realisiert werden sollen. Der Freihandelshafen von Hainan hat ein vielversprechendes Entwicklungspotenzial, insbesondere für den internationalen Handel.

2.4.2 Dual Circulation und der Fünfjahresplan: Auswirkungen auf ausländische Unternehmen

Chinas stetiges Wachstum bietet weiterhin Geschäftsmöglichkeiten. Mit dem größten Konsumentenmarkt weltweit wird China auch weiterhin ein Fokus für Produkte und Dienstleistungen bleiben und auch in den kommenden fünf Jahren und darüber hinaus ein robustes Wirtschaftswachstum erzielen. Die Politik zur Entwicklung einheimischer Technologien, zur Förderung von Innovationen, zur Ausweitung des Binnenkonsums und ein Festhalten und Ausweiten der Öffnung gegenüber der Welt wird die langfristige Wachstumsdynamik sowie Widerstandsfähigkeit der chinesischen Wirtschaft stärken. China als am schnellsten wachsende große Volkswirtschaft weltweit bietet auch künftig die besten Chancen für alle ausländischen Unternehmen, die ein langfristiges Geschäftswachstum anstreben. In dem Maße, wie Chinas Wachstum zunehmend vom Binnenkonsum angetrieben wird, werden ausländische Unternehmen neue Möglichkeiten für geschäftliches Wachstum finden, insbesondere durch die Umstellung des Konsums auf anspruchsvollere, höherwertige Produkte und Dienstleistungen.

Grundsätzlich zeigt der 14. Fünfjahresplan Maßnahmen und Reformen auf, die ein unternehmensfreundlicheres Umfeld schaffen sollen. Chinas Führung spricht

---

[5] People's Daily (2022), Import and export value in bonded areas reaches nearly six trillion CNY. http://www.gov.cn/xinwen/2022-02/18/content_5674421.htm. Zugegriffen: 23 März 2023.

davon, den Grundsatz der „Wettbewerbsneutralität" einführen, der alle Arten von Marktteilnehmern gleich behandelt. Außerdem setzt die Regierung daran, das System der Eigentumsrechte zu verbessern.

Die geplante Schaffung eines regelbasierten Geschäftsumfelds kann die Wettbewerbsbedingungen für ausländische Investoren verbessern, ausländische Unternehmen können einen besseren Zugang zum chinesischen Markt erhalten und gleichzeitig eine bessere Gleichbehandlung und einen besseren Rechtsschutz genießen.

Im aktuellen Fünfjahresplan stehen Innovation und Digitalisierung ganz klar im Mittelpunkt. Chinas Führung wird Innovation und digitale Transformation nutzen, um Fortschritte in der sozialen und wirtschaftlichen Entwicklung zu erzielen. Es werden auch ergänzende Präferenzregelungen und steigende Investitionen in die Digitalwirtschaft – industrielle Digitalisierung, intelligente Fertigung, FinTech, künstliche Intelligenz – erwartet. Diese können ausländischen Unternehmen, die darauf ausgerichtet sind, die Möglichkeit bieten, in China zu investieren, zu wachsen und das Geschäft auszubauen.

Nach dem derzeitigen Kenntnisstand zu „Dual Circulation" wird China sich also nicht abschotten. In nicht sensiblen Industriebereichen wie dem Automobilbau und der Chemieindustrie sind Investitionen weiter willkommen, gewünscht und notwendig. Ähnlich sieht es auch in Branchen aus, in denen China noch nicht so weit ist, wie der Flugzeugindustrie. Es wird daher auch weiterhin noch Chancen und Marktzugänge für ausländische Unternehmen geben. Doch zeigen die letzten Jahren bereits sehr deutlich, dass es für sie entscheidend sein wird, sich noch stärker und eigenverantwortlicher auf dem chinesischen Markt anzupassen.

2.5 Regional Comprehensive Economic Partnership (RCEP) – Bedeutung für China und ASEAN-Mitglieder

Ursprünglich wurde das RCEP-Abkommen 2012 von 16 Staaten ausgehandelt: den zehn ASEAN-Mitgliedstaaten[6] sowie den weiteren sechs Freihandelspartnern Australien, China, Indien, Japan, Korea und Neuseeland. Außer Indien, das im Jahr 2019 aus den Verhandlungen ausgetreten war, haben die anderen 15 Staaten Ende 2020 die RCEP-Verhandlungen abgeschlossen. Das RCEP-Abkommen trat

---

[6] Das ASEAN (Association of Southeast Asian Nations) wurde am 8. August 1967 in Bangkok, Thailand, mit der Unterzeichnung der ASEAN-Erklärung (Bangkok Declaration) gegründet und besteht aus den 10 Staaten Indonesien, Malaysia, Philippinen, Singapur, Thailand, Brunei Darussalam, Vietnam, Laos, Myanmar und Kambodscha.

am 1. Januar 2022 in Kraft. Bis heute ist das Abkommen für 13 der 15 Unterzeichnerstaaten in Kraft, Myanmar und die Philippinen müssen den Vertrag noch ratifizieren.

Das RCEP-Abkommen ermöglicht es China, sein Handelspotenzial weiter zu nutzen, um sich einen besseren Marktzugang in der Region zu sichern. Zu den wichtigsten Nutznießern gehören die Industrien Maschinenbau und Elektrotechnik, wo E-Commerce Daten aus der General Administration of Customs of China (GAC) im ersten Quartal 2022 zeigen, dass das Handelsvolumen Chinas mit den RCEP-Mitgliedsländern im Vergleich zum Vorjahr um 6,9 % auf 2,86 Billionen CNY (ca. 448,6 Mrd. US$) gestiegen ist und 30,4 % des gesamten chinesischen Außenhandelswertes ausmacht.[7]

2.6 Die Common Prosperity-Initiative (共同富裕) und ihre möglichen wirtschaftlichen Auswirkungen

Anfang 2021 wurde der Begriff „Common Prosperity"[8] von Präsident Xi Jinping neu aufgegriffen. Der Terminus war erstmals in den fünfziger Jahren von Mao Zedong vorgebracht worden und diente damals als Legitimation zur Schaffung von Kollektiveigentum – mit zwangsweiser Angleichung des Reichtums – als Voraussetzung für eine utopische Gesellschaft. Unter der Reformpolitik Deng Xiaopings erfuhr er Anfang der achtziger Jahre eine „Anpassung" dahingehend, dass Egalitarismus nicht länger der übergeordnete Fokus sei, sondern für die Entwicklung Chinas „zunächst einige reich werden" müssen. Bis zur erneuten Interpretation durch Xi Jinping geriet der Begriff nahezu in Vergessenheit, um nun eines der wichtigsten Schlagworte zu werden, dass die neue Ära der politisch gesteuerten Wirtschaftsentwicklung definiert. Auch die aktuelle politische Initiative beinhaltet in gewissem Maße eine Angleichung von Reichtum. Sie soll aber vorrangig bestehende soziale Probleme lösen und die sogenannte mittlere Einkommensklasse vergrößern. Damit sollen wiederum die Ziele des aktuellen Fünfjahresplans unterstützt und Chinas Wirtschaftsmodell nachhaltig gestaltet

---

[7] Xinhuanet (2022), China's trade with RCEP members sustains steady growth. https://english.news.cn/20220413/a565d08db0c043faa9c13923b4570fee/c.html. Zugegriffen: 23 März 2023.

[8] Common Prosperity (gòngtóng fùyù, 共同富裕) bedeutet wörtlich „gemeinsamer Wohlstand" und wird seit August 2021 in den offiziellen Medien in der erweiterten Formulierung „Förderung des gemeinsamen Wohlstands in einer Entwicklung auf hohem Niveau" (在高质量发展中促进共同富裕) verwendet.

2.6 Die Common Prosperity-Initiative (共同富裕) und ihre möglichen ...

werden. Von Xi Jinping in eher einfachen Worten als Politik zur Gewährleistung einer gleichmäßigeren Einkommensverteilung in China beschrieben, hat eine Reihe von weitreichenden Kampagnen im Tech- (behördliches Vorgehen gegen die nationalen Technologieplattformen) und Erziehungssektor (Verbot des florierenden privaten Nachhilfeunterrichts) sowie umfassende Bemühungen, die riesige und verschuldete Immobilienbranche zum Schuldenabbau zu zwingen, die Wirtschaft wach gerüttelt.

Common Prosperity erfährt dementsprechend sowohl bei Analysten als auch im akademischen Bereich größte Aufmerksamkeit und akribische Analyse sowie Interpretationen, da ähnlich wie zu den Kerndokumenten wie den Fünfjahresplänen bei der „Veröffentlichung" keine detaillierten Anleitungen oder Anweisungen vorliegen. In der Wirtschaft, vor allem im nationalen wie internationalen privaten Sektor, herrscht also durch das neue Aufleben von „Common Prosperity" durchaus Unsicherheit. So ist es wenig verwunderlich, wenn der neue Premier, Li Qiang, Mitte Dezember 2022 seinen ersten Auftritt auf dem alle fünf Jahre stattfindenden nationalen Kongress des Allchinesischen Industrie- und Handelsverbandes (ACFIC), der nationalen Handelskammer, die als Bindeglied zwischen Partei und Privatsektor dient, vor allem nutzte, um dort deutlich das Signal an den nationalen privaten Sektor zu senden, dass die Regierung Privatunternehmen, die mehr als 60 % des chinesischen BIP tragen eine unersetzliche Rolle bei der wirtschaftlichen Entwicklung zumisst.[9] Und der bald scheidende Vizepremier Liu He hat auf dem Weltwirtschaftsgipfel (WEF) in Davos im Januar 2023 den internationalen Wirtschaftseliten eine Vision der chinesischen Regierung verkündet, die mehr an Reagan denn Mao erinnert[10]: Gemeinsamer Wohlstand wäre keineswegs ein Symbol für Gleichmacherei oder Wohltätigkeit. Wenn China wächst, wird es allen Chinesen besser gehen, aber das ist nicht gleichbedeutend, dass ihre Einkommen und ihr Wohlstandsniveau gleich sein müssen.

Für künftige Geschäftsentwicklungen in und mit China wird daher eine der wesentlichen Fragen sein, welche Sektoren und Bereiche werden durch die „Common Prosperity" Leitlinie mehr staatliche Unterstützung erhalten und demnach Potenzial für Investitionen und unternehmerisches Engagement aufweisen. Aus unserer Sicht bilden sich folgende Bereiche und Sektoren heraus:

---

[9] Xinhuanet (2022), Senior CPC official addresses ACFIC national congress. https://english.news.cn/20221212/ab3e2d408d5e45cf8b1ec5d73a85da54/c.html. Zugegriffen: 23 März 2023.

[10] World Economic Forum (2023), Davos 2023: Special Address by Liu He, Vice-Premier of the People's Republic of China. https://www.weforum.org/agenda/2023/01/davos-2023-special-address-by-liu-he-vice-premier-of-the-peoples-republic-of-china/. Zugegriffen: 23 März 2023.

- Fortschrittliche Fertigung: „Common Prosperity" scheint als neues Credo „von virtuell zu real (脱虚向实)" zu formulieren. Provinzregierungen investieren heftig in berufsbegleitende Ausbildung. Upgrades bei der Fertigung wie zunehmender Einsatz von Robotern stehen obenan. Chinas Regierung sucht innovative SMEs, die Engpässe in der Supply Chain beseitigen. Stichworte hier sind klar die fehlenden Kapazitäten im Halbleiterbereich.
- Industrielles Internet: durch den Boom bei Sensoren, Instrumenten u. a. durch den Wechsel auf Elektrische Fahrzeuge und die Geschwindigkeit, die China bei deren Produktion erreicht hat, wird das Thema Daten und Software, die unmittelbar Konsumenten und gleichsam auch den Herstellern dienen, ein Schwerpunkt. So werden die Unterabteilungen der führenden Internetgiganten zunehmend entscheidend bei der Programmierung von Software für EVs.
- Ländlicher Konsum: Das ländliche China stellt nach wie vor eine ungenutzte Marktchance dar – vor allem für Unternehmer, die sich an gemeinsamen Wohlstandsthemen orientieren. Das Einkommen der chinesischen Landbevölkerung wird bis zum Ende des Jahrzehnts auf 10.000 US$ steigen. Chinesen auf dem Land wollen Qualität und Komfort, sind digital vernetzt und zahlenmäßig weitaus stärker vertreten als Chinesen in den Städten. Im Gegensatz zu den entwickelten städtischen Gebieten sind erschwinglichere Produkte mit geringen Gewinnspannen möglicherweise der richtige Weg, von Mini-EVs, höherwertigen Grundnahrungsmitteln wie Fleisch und Milchprodukten, Haushaltsgeräten bis hin zu erschwinglichen Autos.

2.7 Das „Social Credit System" (社会信用体系) und seine Bedeutung für in China tätige Unternehmen

Der Aufbau des Sozialkreditsystems[11] geht auf die Grundzüge des Plans zum Aufbau des Sozialkreditsystems (2014–2020) vom Staatsrat Chinas sowie den 13. Fünfjahresplan Chinas (2016–2020)[12] zurück. Der Kern des Sozialkreditsystems lautet „Belohnung von Vertrauenswürdigkeit und Bestrafung von Unzuverlässigkeit". Sowohl Firmen als auch Individuen sind in dem Sozialkreditsystem

---

[11] „Social Credit System" (shèhuì xìnyòng tǐxì 社会信用体系), Sozialkreditsystem oder Soziales Bonitätssystem ist die wörtliche Übersetzung des chinesischen Begriffes.

[12] Seit 1953 formuliert die Staats- und Parteiführung Chinas alle fünf Jahre einen Fünfjahresplan, der abschließend zur Verabschiedung dem Nationalen Volkskongress vorgelegt wird und in dem die wirtschaftspolitischen Rahmenbedingungen Chinas festgelegt werden. Der neueste 14. Fünfjahresplan Chinas gilt für die Jahre 2021 bis 2025.

einbezogen. Eine einheitliche Sozialkreditnummer wird jeder Firma oder jedem Individuum zugewiesen, worunter dessen Kreditinformationen unter den Verwaltungsbehörden mit Zugang geteilt bzw. veröffentlicht werden sollen. Auf der Verwaltungsebene sind hauptsächlich die Entwicklungs- und Reformkommission Chinas (National Development and Reform Commission, „NDRC") sowie die Volksbank Chinas (die People's Bank of China, „PBC") dafür zuständig. Die Zuständigkeit von der PBC liegen dabei auf Finanzkrediten, während die NDRC zuständig für die Sammlung der restlichen öffentlichen Kreditinformationen (z. B. Produktion, Steuer, Preis, öffentliche Beschaffung, Ausschreibung, E-Commerce, Umwelt, geistliches Eigentum usw.) ist.

Die Kreditbewertungssysteme sind sehr komplex und umfangreich. Es gibt Dutzende von Bewertungsstandards, die sowohl inländische als auch ausländische Unternehmen in China betreffen könnten. Zum Aufbau eines einheitlichen nationalen Sozialkreditsystems werden in den letzten Jahren verschiedene nationale und lokale Datenbanken aufgebaut. Die meisten Datenbanken sind der Öffentlichkeit zugänglich. Hier einige der wichtigsten nationalen Datenbanken:

- Credit China, die gemeinsam durch die NDRC und die PBC gepflegt und für die Zusammenstellung der Kreditinformationen genutzt wird. Es wird hier auch auf weitere Datenbanken (z. B. die Website des Gerichts zur Veröffentlichung säumiger Vollstrecker) verlinkt.
- Credit Reference Center, das von der PBC gepflegt wird. wobei hier die Finanzkreditinformationen veröffentlicht werden.
- National Enterprise Credit Information Publicity System, das von der Registerbehörde (State Administration of Market Regulation) gepflegt wird. Hier kann man die betrieblichen Informationen einer Firma finden.

Einerseits fördert das Sozialkreditsystem die langfristigen und wirksamen Mechanismen zum Aufbau der Kreditwürdigkeit, die weiterhin ein wertvolles Vermögen ist und als eine Grundlage zur Verwaltung sowie zum Geschäftsverkehr genutzt wird. Aber es werden auch Bedenken hinsichtlich des Schutzes der Privatsphäre sowie von Geschäftsgeheimnissen geäußert. Der komplette Mechanismus soll noch weiter in Richtung auf ein transparenteres und benutzerfreundlicheres System mit Möglichkeiten für Rechtsbehelfe verbessert werden. Ein Entwurf vom Gesetz über die Entwicklung des Sozialkreditsystems wurde am 16 November 2022 zur öffentlichen Stellungnahme veröffentlicht, der eine Rechtsgrundlage für ein national einheitliches System darstellen wird.

2.8 Datenschutz und Datensicherheit

Am 21. Juli 2022 verhängte die Cyberspace Administration of China („CAC") eine rekordverdächtige Milliardenstrafe gegen das Fahrdienstleistungsunternehmen Didi (8,026 Mrd. CNY, ca. 1,2 Mrd. US$) wegen dessen Datenschutzverletzungen. Dies ist ein Alarmsignal für Unternehmen, die im internationalen Geschäft mit China tätig sind oder in China operieren. Im Zuge der rasanten Entwicklung der digitalen Wirtschaft in China hat der chinesische Gesetzgeber eine Reihe von datenbezogenen Gesetzen und Vorschriften erlassen. Der Anwendungsbereich solcher Gesetze und Vorschriften ist sehr umfangreich und die Unklarheiten bei der Auslegung bzw. Durchführung bergen Unsicherheiten und Risiken für die Verantwortlichen. Firmen mit ausländischen Beteiligungen sollten der Einhaltung der Datenschutzbestimmungen auf jeden Fall mehr Aufmerksamkeit schenken.

Bei der Durchsicht der datenbezogenen Gesetze und Vorschriften Chinas können wir leicht feststellen, dass sich alle diese Vorschriften nicht nur auf den Schutz personenbezogener Daten, sondern auch auf die nationale Sicherheit (Datensicherheit) konzentrieren. Die grenzüberschreitende Übermittlung der Daten ist daher besonders kritisch. Grundsätzlich sollen personenbezogene Informationen oder wichtige Daten[13] innerhalb von China gespeichert werden. Jedwede grenzüberschreitende Übermittlung personenbezogener Daten oder wichtiger Daten ist nur zulässig, wenn bestimmte Bedingungen eingehalten werden. So ist an erster Stelle eine interne Folgenabschätzung für alle Datenverarbeiter erforderlich, bevor personenbezogene Daten ins Ausland übermittelt werden. Ein häufiges Szenario ist die Übermittlung von Daten lokaler Mitarbeiter durch Tochtergesellschaften mit ausländischer Beteiligung an die Zentrale. Neben der vorherigen internen Folgenabschätzung ist eine der folgenden Kontrollmaßnahmen weiterhin vorzunehmen. Bei großen Datenverarbeitern oder wenn es sich um wichtige Daten handelt, ist eine Sicherheitsbewertung durch die CAC notwendig. In Bezug auf kleine Datenverarbeiter und wenn es sich nicht um wichtige Daten handelt, kann ein Standardvertrag[14] zwischen dem inländischen Datenverarbeiter und dem ausländischen Datenempfänger diese Sicherheitsbewertung

---

[13] Wichtige Daten werden definiert als Daten, die die nationale Sicherheit, den wirtschaftlichen Betrieb, die soziale Stabilität, die öffentliche Gesundheit und Sicherheit usw. gefährden können, falls sie manipuliert, zerstört, infiltriert oder illegal beschafft oder verwendet werden.

[14] Am 24. Februar 2023 hat die CAC einen Standardvertrag zur Grenzüberschreitenden Übermittlung der Persönlichen Daten veröffentlicht, der ab 1. Juni. 2024 ins Kraft treten wird.

durch die CAC ersetzen. Zusätzlich kann eine Zertifizierung durch qualifizierte Zertifizierungsstellen zur Übermittlung personenbezogener Daten an Drittländer erfolgen. Die Zertifizierung wird einem Verantwortlichen für eine Dauer von drei Jahren erteilt und wird gegebenenfalls durch die Zertifizierungsstellen widerrufen, wenn die Voraussetzungen für die Zertifizierung nicht oder nicht mehr erfüllt werden.

2.9 Die Ausfuhrkontrolle

Die handelspolitischen Spannungen zwischen den USA und China führten zu einer Reihe von Gesetzen und Regelungen über die Ausfuhrkontrollen, Sanktionen und anderen Beschränkungen in China. Die Ausfuhrkontrolle ist kein neues Thema in den chinesischen Gesetzen und Vorschriften. Neu ist ein spezifisches „Gesetz über die Ausfuhrkontrolle" von 2020. Die Ziele dieses Gesetzes sind zum Schutz der nationalen Sicherheit und Interessen sowie zur Erfüllung der internationalen Verpflichtungen gegen Nichtverbreitung. Zurzeit gibt es noch keine einheitliche Ausfuhrliste, die eine Auflistung von Waren enthält, deren Export verboten oder genehmigungspflichtig ist. Neun Kataloge und Listen aus verschiedenen Rechtsquellen gilt es daher zu beobachten. Obwohl die meisten Gesetze und Vorschriften Chinas eher präventiv und reaktiv sind, müssen Unternehmen in China sich über dieses potenzielle Risiko bewusst sein. Es ist auf jeden Fall ratsam, dass die Maßnahmen der amerikanischen Ausfuhrkontrolle vor der Vertragsunterzeichnung genau überprüft werden, falls der Vertragspartner in China der amerikanischen Ausfuhrkontrolle unterliegen könnte.

Glossar der verwendeten Abkürzungen

MIIT	Ministry of Industry and Information Technology (Ministerium für Industrie und Informationstechnik)
FJP	Fünfjahresplan
RCEP	Regional Comprehensive Economic Partnership (Freihandelsabkommen zwischen den zehn ASEAN-Mitgliedsstaaten und fünf weiteren Staaten in der Region Asien-Pazifik)
CAC	Cyberspace Administration of China (Nationale Internet-Informationsbehörde)

Literatur

1. 14th Five-Year Plan for National Informatization (2021). http://www.gov.cn/xinwen/2021-12/28/5664873/files/1760823a103e4d75ac681564fe481af4.pdf. Zugegriffen: 23 März 2023.
2. Zhou Lanxu, Cheng Yu, China Daily (2021), Dual circulation at heart of economic strategy. https://global.chinadaily.com.cn/a/202103/05/WS6041835fa31024ad0baace9f.html. Zugegriffen: 23 März 2023.
3. People's Daily (2022), Import and export value in bonded areas reaches nearly six trillion CNY. http://www.gov.cn/xinwen/2022-02/18/content_5674421.htm. Zugegriffen: 23 März 2023.
4. Xinhuanet (2022), China's trade with RCEP members sustains steady growth. https://english.news.cn/20220413/a565d08db0c043faa9c13923b4570fee/c.html. Zugegriffen: 23 März 2023.
5. Xinhuanet (2022), Senior CPC official addresses ACFIC national congress. https://english.news.cn/20221212/ab3e2d408d5e45cf8b1ec5d73a85da54/c.html. Zugegriffen: 23 März 2023.
6. World Economic Forum (2023), Davos 2023: Special Address by Liu He, Vice-Premier of the People's Republic of China. https://www.weforum.org/agenda/2023/01/davos-2023-special-address-by-liu-he-vice-premier-of-the-peoples-republic-of-china/. Zugegriffen: 23 März 2023.

Chinas Konsumenten als Kunden 3

> **Zusammenfassung**
>
> Chinesische Verbraucher sind zu einer Art Weltmacht geworden. Sie werden umworben und sind begehrt. Ihnen stehen Produkte und Dienstleistungen in einer zuvor nie dagewesenen Vielfalt zur Auswahl, ergänzt durch Online-Zahlungssysteme und Lieferungen an die Haustür. Die Kaufkraft in China steigt weiter an, die Urbanisierung nimmt noch weiter zu, die Potenziale sind längst nicht ausgeschöpft. Betrachtet man die Altersgruppen in der chinesischen Gesellschaft, so bilden sich durch den Einfluss der Sozialen Medien und die Möglichkeiten des digitalen Einkaufs neue Verhaltensweisen bei den jungen Verbrauchergenerationen aus, die Unternehmen beim Vertrieb und Marketing zunehmend herausfordern. Doch auch reife Verbraucher sind anspruchsvoller geworden und verlangen umfassende Informationen zu Produkten und Dienstleistungen, die sie interessieren. Chinesische Verbraucher sind zunehmend verwöhnt und auch kritischer geworden. Qualität und Verkaufsdienstleistungen sind entscheidende Kriterien für sie. Inländische Marken beginnen zunehmend mehr Fuß bei den jüngeren Verbrauchern zu finden, ausländische Marken sind in China weiterhin von Bedeutung, müssen sich jedoch auf eine ständig wachsende Zahl von Mitbewerbern, die dazu immer stärker werden, einstellen. Auch bei dem Thema Verbraucherrecht hat sich in den letzten Jahren vieles sehr zur Gunst der Verbraucher gewandelt.

3.1 Chinas Transformation zur Konsumentenwirtschaft

China ist eine Wirtschaft im Wandel. Die meiste Zeit seines jüngsten Wirtschaftsbooms wurde das chinesische Wachstum von Exporten und Investitionen in Immobilien, Finanzdienstleistungen und Ressourcen getragen. In einem bestimmten Entwicklungsstadium gehen die Volkswirtschaften jedoch dazu über, sich auf den Konsum und den Dienstleistungssektor zu konzentrieren, und China befindet sich in den ersten Phasen dieser Entwicklung. Der Anteil des Konsums am BIP nimmt kontinuierlich zu und Konsumgüter und Dienstleistungen überflügeln die Industrie und das Baugewerbe als stärkste Triebkraft für das künftige BIP-Wachstum.

Einer der größten Anreize für die Gesamtproduktion in China ist die Beschäftigung mit neuen Technologien und der digitalen Wirtschaft. So hat speziell der elektronische Handel in China eine beträchtliche Marktdurchdringung erreicht und macht einen weitaus größeren Anteil am Einzelhandelsumsatz aus als in den USA oder Europa. Er ist inzwischen auf ~25 % gegenüber ~10 % in Deutschland oder den USA angewachsen. Darüber hinaus haben sich Online-Zahlungslösungen und vor allem mobile Zahlungslösungen in China viel stärker verbreitet als in den USA. Das Volumen von Web-Zahlungen ist in China mehr als 20 Mal höher als in den USA. Zwar liegt der Anteil der digitalen Wirtschaft als Anteil am BIP in China im Mittelfeld, doch gibt es einige besonders entwickelte Bereiche wie E-Commerce und Finanztechnologie. Außerdem zeigen sich erhebliche Unterschiede zwischen den „entwickelten" Küstenstädten und den „sich entwickelnden" ländlichen Gebieten. Man sollte sich dabei immer vor Augen halten, dass die Bevölkerung Chinas so groß ist, dass selbst kleinere entwickelte Regionen im globalen Maßstab von Bedeutung sein können.

3.2 Das chinesische Konsumentenprofil

Gemessen an der Kaufkraftparität (PPP) ist China geschätzt die größte Verbraucherwirtschaft der Welt. Die Prognosen für das kommende Jahrzehnt gehen dahin, dass es mehr als jedes andere Land konsumieren und mehr als ein Viertel des gesamten globalen Konsumwachstums generieren wird. Während der bis Dezember 2022 andauernden Beschränkungen durch die Covidpandemie war Chinas Wirtschaft in den Jahren von 2019 bis 2022 tatsächlich weiter gewachsen: 2020 um 2.2 %, 2021 um 8.4 % sowie 2022 um 3.0 %.[1] Auch die Konsumentenwirtschaft hatte in dieser schwierigen Zeit ein Wachstum zu verzeichnen. Der

---

[1] National Data, National Bureau of Statistics of China. https://data.stats.gov.cn/easyquery. htm%3Fcn%3DC01. Zugegriffen: 23. März 2023.

3.2 Das chinesische Konsumentenprofil

„Consumer Confidence Index war in den vergangenen Jahren bis auf einen Einbruch Mitte 2020 sogar auf dem hohen Niveau der Vor-Covidjahre geblieben. Erst im Oktober 2022 gab er erdrutschartig nach und stürzte auf einen Wert von 85,50 Punkten, dem niedrigsten Wert überhaupt. Im Vorjahr (2021) hatte er seinen bislang höchsten Stand mit 127,00 Punkten erreicht, der durchschnittliche Wert im Zeitraum 1991 bis 2022 lag bei 110,62 Punkten[2]. Zur gleichen Zeit vervierfachte sich auch die Sparquote. Da Chinas Wirtschaft und Wohlstand mittlerweile zu über 60 % auf der Konsumwirtschaft aufbaut also ein Alarmsignal zum Handeln, was im Dezember 2022 wohl einer der wesentlichen Gründe für den abrupten Wechsel der chinesischen Regierung in der Covidpolitik gewesen sein dürfte.

UN-Angaben schätzen die chinesische Bevölkerung in 2022 auf 1,43 Mrd. Die jahrzehntelange strikte Ein-Kind-Politik hat dabei den Anteil der jungen Bevölkerung im Alter von unter 25 Jahren relativ gering gehalten. Die Fruchtbarkeitsrate wird für China in 2022 mit 1,702[3] angegeben. Demografisch ist das Verhältnis zwischen Männern und Frauen weitgehend ausgeglichen. Der größte Teil der Gesamtbevölkerung findet sich mit 68,33 %[4] in der Altersgruppe der 15- bis 64-Jährigen. Interessanterweise besteht die Basis der chinesischen Verbraucher aus relativ jungen Menschen in der Altersgruppe zwischen 20 und 35 Jahren. Sie stellen eine neue Konsumentengruppe dar, die im Gegensatz zu ihren Eltern weniger sparen und mehr für die Freizeit ausgeben. Sie kaufen zunehmend Online ein und für sie ist Qualität wichtiger als ein niedriger Preis. In Einklang mit der in Kap. 1 dargestellten Städte Clusterung Chinas konzentrieren sich die Gebiete mit höherem Konsum auf die Tier 1 und Tier 2 Städte mit hohem Pro-Kopf-Einkommen und hoher Kaufkraft. Jüngsten Daten zufolge ist die Beschäftigungsquote chinesischer Hochschulabsolventen bei knapp 85 % stabil geblieben. Der Privatsektor stellt dabei den größten Arbeitgeber für diese Gruppe. Auf die volkswirtschaftlichen Sektoren heruntergebrochen sind im primären Sektor, der Agrarindustrie, etwa 25 % der Arbeitskräfte beschäftigt. Gut 28 % der Bevölkerung sind im sekundären Sektor, dem Industriesektor, beschäftigt, der größte Teil der Arbeitsplätze mit 47 % findet sich im tertiären Sektor.

---

[2] OECD, Consumer confidence index (CCI). https://data.oecd.org/leadind/consumer-confidence-index-cci.htm. Zugegriffen: 23. März 2023.

[3] National Data, National Bureau of Statistics of China. https://data.stats.gov.cn/easyquery.htm%3Fcn%3DC01. Zugegriffen: 23. März 2023.

[4] National Data, National Bureau of Statistics of China. https://data.stats.gov.cn/easyquery.htm%3Fcn%3DC01. Zugegriffen: 23. März 2023.

3.3 Die Kaufkraft

Bereinigt man das Bruttoinlandsprodukt um die Kaufkraftparität (PPP), so liegt das pro Kopf Einkommen in China in 2021 bei 17.603 US$[5]. Zum Vergleich liegen die USA bei 63.069 US$, Deutschland bei 52.931 US$, Hongkong bei 60.052 US$. China befindet sich damit eher in der Nachbarschaft von Ländern wie Serbien, Thailand oder Mexiko. Der chinesische Markt ist wie bereits dargestellt von kontinentalem Ausmaß und in seiner Zusammensetzung sehr unterschiedlich. So sind in einigen Landesteilen das Vertrauen in wirtschaftliche Stabilität und Wachstum und damit einhergehend die Ausgaben gestiegen, wir sprechen hier insbesondere von den Küstengebieten wie Shanghai oder der ebenfalls dargestellten Greater Bay Area mit Guangzhou und Shenzhen. Bestehende regionale Unterschiede erklären sich daher maßgeblich durch die erhöhte Nachfrage nach Arbeitskräften, die bislang die Urbanisierung in den östlichen Provinzen unverhältnismäßig stark vorangetrieben hat. Damit weisen diese Provinzen oft ein deutlich höheres Pro-Kopf-Einkommen auf im Vergleich zu den Provinzen im Landesinneren, dem sogenannten „Westen", auf. So ist das pro Kopf Einkommen in Beijing, Shanghai oder Jiangsu etwa dreimal so hoch wie in westlichen Provinzen wie Sichuan oder Guizhou. Bereits 2000 hatte die chinesische Führung daher begonnen, ihre „Go West"-Strategie zu implementieren. 2016 war mit dem Beginn des 13. FJP von Premierminister Li Keqiang deutlich betont worden, dass diese Periode (2016–2020) eine entscheidende Zeit für die Transformation und Modernisierung der westlichen Regionen sei. Die westlichen Regionen stellen dabei eine Bevölkerung von etwa 400 Mio. dar. Das entspricht in etwa den Schätzungen der chinesischen Mittelschicht, die für 2022 geschätzte 400 Mio. Menschen umfasst und damit 30 % der Gesamtbevölkerung. Ihr weiteres Wachstum ist ein entscheidender Faktor für die Entwicklung des Wohlstandes in den kommenden Jahrzehnten. Der Gini-Koeffizient, der das Ausmaß der Ungleichheit misst, ging 2019 leicht auf 38,2[6] zurück. Interessant ist die Einkommensungleichheit zwischen den Geschlechtern, die für Frauen mit gleicher Arbeit um 20,8 % geringer liegt.[7]

---

[5] World Bank and OECD National Accounts data files, GDP per capita (current US$) – China. https://data.worldbank.org/indicator/NY.GDP.PCAP.CD%3Flocations%3DCN. Zugegriffen: 23. März 2023.

[6] World Bank, Gini index – China. https://data.worldbank.org/indicator/SI.POV.GINI%3Flocations%3DCN. Zugegriffen: 23. März 2023.

[7] World Bank, China Gender Landscape (English). Country Gender Landscape Washington, D.C.: World Bank Group. http://documents.worldbank.org/curated/en/099859106302221755/IDU02836535e0a9aa04390081e507541d2aabe41. Zugegriffen: 23. März 2023.

3.4 Konsumentenverhalten

China erlebt einen drastischen Wandel im Konsumverhalten. Waren in der Vergangenheit, wobei hier mit Vergangenheit im Grunde nur die vergangenen zehn bis zwanzig Jahre gemeint sind, Funktion und Preis wichtige Faktoren bei der Kaufentscheidung, so ist das Konsum- und Kaufverhalten deutlich komplexer geworden. Im Ergebnis berücksichtigen chinesische Verbraucher ständig mehr Kriterien. Das Markenbewusstsein ist immer wichtiger und vor allen Dingen deutlich ausgeprägter geworden. Der Preis ist für viele chinesische Verbraucher zwar weiterhin der wichtigste Indikator für die Qualität eines Produktes, doch die jüngere Konsumentengeneration sowie Teile der gereiften beginnen, neben dem Preis auch die Verkaufsdienstleistungen bei Kaufentscheidungen mit einzubeziehen. Aus Verbrauchersicht spielen das gesetzliche Rückgaberecht, die Garantie der Zahlung vor Erhalt der Ware oder bis zum Ablauf der Rückgabefrist über ein Treuhandkonto bei den großen E-Commerce Plattformen sowie die Bemühungen der Plattformen zum Verbraucherschutz wie Schlichtung oder Erstattung der Rückgabekosten eine entscheidende Rolle und haben damit auch eine entscheidende Rolle bei der raschen Entwicklung des Online-Einkaufes in China gespielt. Bezeichnend für die Evolution der chinesischen Konsumenten ist die Informationsvielfalt, die sie vor dem Kauf verlangen, erwarten und erfragen oder recherchieren. Eine der wichtigsten Informationsquellen ist dabei Mundpropaganda, was neben anderen Faktoren auch die Funktionsweise sowie den Erfolg von sozialen Medien und dem für China so spezifischen Social Commerce[8] erklären. Chinesische Verbraucher sind grundsätzlich extrem neugierig auf das Angebot, verlangen permanente Neuerungen und Verbesserungen, sowohl bei ausländischen als auch bei den stark erwachsenden lokalen Produkten. Wir werden dazu unter dem Punkt Guochao (国潮, wörtlich der nationale Trend) detaillierter darauf eingehen.

China hat eine ungeheure Verbesserung des Lebensstandards erfahren. Eine Mittelschicht von geschätzt 400 Mio. entspricht der Bevölkerung Europas. Chinesische Konsumenten legen zunehmend Wert auf hochwertige Produkte und machen China zum größten und wichtigsten Markt von Luxusartikelherstellern und -dienstleistern. So verzeichnet der chinesische Markt für Luxusgüter trotz der deutlich zunehmenden globalen und wirtschaftlichen Herausforderungen und Schwierigkeiten bis Ende 2021 insgesamt ein starkes zweistelliges Wachstum.

---

[8] Social Commerce ist im Zuge der steigenden Popularität von Social Media entstanden und in den vergangenen Jahren ständig forciert. Unternehmen nutzen die sozialen Medien dabei als Werbeplattform, um einerseits ihre Marke und die eigenen Produkte bekannt zu machen und um andererseits den Nutzern konkrete Kaufvorschläge (Stichwort Personalisierung von Angeboten) zu unterbreiten.

Durch die Covidbedingte Abschottung Chinas waren die chinesischen Verbraucher bei ihren Käufen in den vergangenen Jahren auf das chinesische Festland beschränkt. Das führte zu einer Steigerung des Inlandsumsatzes mit persönlichen Luxusgütern im Jahr 2020 um 48 % und 2021 um weitere 36 % auf insgesamt fast 471 Mrd. CNY, was fast einer Verdoppelung in nur zwei Jahren entspricht.[9] So war das Verbrauchervertrauen während der ersten beiden Jahre der Covid-Krise und einhergehenden Abschottung stabil geblieben und begann erst im dritten Jahr deutlich zu bröckeln. Bezeichnend ist aber auch, wie schnell sich chinesische Konsumenten in ihrem Verhalten wieder umstellen. Die rapide Kehrtwendung in der Covid-Politik und „Wiedereröffnung" Chinas Ende 2022 hat ab Januar 2023 bereits in einigen Sektoren wie der Tourismusbranche für schlagartige Nachfrageschübe gesorgt.

China unterscheidet sich im Konsumentenverhalten diametral vom Westen. Das kollektive Gefühl ist in der chinesischen Gesellschaft immens wichtig, die Gruppe hat Vorrang vor dem Individuum. Daher haben die Standards, Vorlieben und Normen der Gruppe, der ein Individuum angehört, einen großen Einfluss auf die Kaufgewohnheiten. Aus diesem Grund richtet sich die Werbung oft eher an Gruppen als an Einzelpersonen. Die Ein-Kind-Generation, die sogenannten kleinen Prinzen, die die Fürsorge von sechs Personen, sprich den Eltern und den Großeltern, erfahren haben, strebt nach einem angenehmen Leben. Sie ist im Gegensatz zu ihrer Elterngeneration alles andere als zurückhaltend bei ihren Ausgaben (einschließlich Bildung, Luxusgüter, Reisen, Freizeit und Konsumgüter), vor allem in den Großstädten. Der starke Anstieg des Absatzes von Luxusautos mag am besten illustrieren, dass sich der Konsum von chinesischen Verbrauchern immer häufiger auf hochwertige Produkte großer Marken fokussiert. Sobald ein Produkt von der Referenzgruppe angenommen wird, breitet sich die Begeisterung, die es auslöst, schnell und weit aus. Dennoch entwickelt sich das Verbraucherverhalten in China zunehmend unabhängiger und individueller.

3.5 Konsumausgaben der privaten Haushalte Chinas

Werfen wir mit der Auflistung in Tab. 3.1 (Verbrauchsausgaben nach Produkt- und Servicekategorien in %) zunächst einen Blick auf das statistische Portfolio von chinesischen Privathaushalten:

---

[9] Claudia D'Arpizio, Federica Levato, Constance Gault, Joëlle de Montgolfier, and Lyne Jaroudi (2021), From Surging Recovery to Elegant Advance: The Evolving Future of Luxury. https://www.bain.com/insights/from-surging-recovery-to-elegant-advance-the-evolving-future-of-luxury/. Zugegriffen: 23. März 2023.

Tab. 3.1 Verbrauchsausgaben nach Produkt- und Servicekategorien in % der Gesamtausgaben[10]

Lebensmittel, alkoholische Getränke und Tabak	30,5 %
Wohnung	24,0 %
Transport und Telekommunikation	13,0 %
Bildung, Kultur und Freizeit	10,1 %
Gesundheitswesen und medizinische Dienste	8,6 %
Haushaltseinrichtungen, Artikel und Dienstleistungen	5,8 %
Bekleidung	5,6 %
Sonstige Waren und Dienstleistungen	2,4 %

3.6 Besonderheiten chinesischer Konsumenten

In Kap. 1 haben wir die Dimensionen Chinas aufgezeigt und einen Ansatz, diese Dimensionen zu verstehen, um den Vergleich mit dem gewohnten europäischen Blickwinkel zu ermöglichen. Mit Kenntnis und Verständnis dieser Megadimensionen ist nachvollziehbar, welch enormes Wachstum das Land seit Einführung der sogenannten „Reform- und Öffnungspolitik" in 1978 erlebt hat und welches Potenzial das Land in wirtschaftlicher Hinsicht und dem künftigen Wachstum weiter bietet. Für unternehmerische Aktivitäten internationaler Unternehmen kommt nun als entscheidender Punkt das chinesische Verbraucherverhalten möglichst umfassend zu verstehen. Dieses ist in der Tat komplex, da durch die Ausdehnung des Landes die Verbrauchertrends in den verschiedenen Regionen Chinas unterschiedlich sind. Schlüssel zum Eintritt in den chinesischen Markt sowie zum weiteren Ausbau von Geschäftsaktivitäten ist also das Kennen und Verstehen der Präferenzen sowie Denkweisen der verschiedenen Verbrauchergruppen.

Der sinnvollste Ansatz scheint hier zu sein, die demografischen Unterschiede darzustellen, die sich als eine Art Standard etabliert haben. Im Westen haben sich hier die folgenden Konsumentengruppen herausgebildet: Generation (Baby) Boomer, Generation X (Slacker), Generation Y (Millenials) und Generation Z (Zoomer). Die Zuordnung von Jahreszahlen zu den einzelnen Generationen variiert dabei sehr stark je nach Land und Weltregion. Die Attribute der jeweiligen Generationen lassen sich dennoch miteinander vergleichen. So hat die Generation

---

[10] National Bureau of Statistics of China (2023), Statistical Communiqué of the People's Republic of China on the 2022 National Economic and Social Development. http://www.stats.gov.cn/english/PressRelease/202302/t20230227_1918979.html. Zugegriffen: 23. März 2023.

Tab. 3.2 Verteilung der Bevölkerung nach Altersgruppen in % (2020)[11]

unter 5	6,5 %
6 bis 14	13,4 %
15 bis 24	16,9 %
25 bis 69	57,9 %
über 70	5,3 %
Über 80	1,4 %

der Boomer (im Westen 1945–1964) sehr stark den wirtschaftlichen Aufschwung mit hohen Wachstumsraten erlebt. Die Generation X (im Westen 1965–1980) ist klar geprägt durch dramatischen technischen Fortschritt, sieht Arbeit als zentralen Lebensinhalt, individuelle Lebensentwürfe und work-life-balance sind ihr wichtig. Die Millenials sind in einer Multioptionsgesellschaft groß geworden, für sie stehen anstelle von Status und Prestige die Freude an der Arbeit, Freiräume, Selbstverwirklichung und Freizeit im Vordergrund. Sie ist auch die erste Generation von Digital Natives. Die Generation Z ist bereits mit dem Internet und mobilen Geräten aufgewachsen und gilt als Digital Natives. Soziale Netzwerke sind essentieller Bestandteil ihres Lebens, sie konzentriert sich nur auf ihre persönlichen Ziele. Treibende Kräfte sind Lebenslust sowie Maximierung von Erlebnissen, weniger festgelegte Strukturen und Abläufe. Wissen wird ausschließlich situativ über das Internet abgefragt.

Auf China angewendet, ergibt sich – wie aus Tab. 3.2 (Verteilung der Bevölkerung nach Altersgruppen in %) ersichtlich – folgender Aufriss der Konsumentengruppen und ihre Charakteristika sowie Prognosen für die kommenden Jahre und ihre Auswirkungen auf den Konsumgüter- sowie Servicesektor.

3.7 Demografie, Charakteristik der wichtigsten Generationen – Gen Z, Millenials

Das Konzept der Generationsunterschiede ist zwar universell angelegt, doch was diese Generationen definiert, bleibt spezifisch für eine bestimmte Gesellschaft. Das US-amerikanische Modell der Boomer, Gen X und Gen Y ist im chinesischen Kontext daher bedeutungslos. Stattdessen werden verschiedene Generationengruppen mit 后 (hòu) definiert. Das Zeichen „后" bedeutet „nach". Anstelle von

---

[11] United Nations, Department of Economic and Social Affairs, Population Division https://data.un.org/Search.aspx%3Fq%3Dpopulation. Zugegriffen: 23. März 2023.

3.7 Demografie, Charakteristik der wichtigsten …

„Baby Boomers" oder „Millennials" sprechen wir in China also üblicherweise von Generationen in Jahrzehnten, z. B. „nach den 90er Jahren".
So lassen sich chinesische Konsumenten nach folgenden Generationen besser spezifizieren:

Nach '60er: Wuchsen in schwierigen Verhältnissen auf. Sehr traditionell und sparsam.
Nach '70er: Letzte Generation, die in einem kollektiven Umfeld aufgewachsen ist. Sie ist eher bereit, Eigeninteressen zu opfern.
Nach '80er: Geboren kurz nach Einführung der Ein-Kind-Politik, Zeuge bedeutender kultureller Verschiebungen.
Nach '90er: Aufgewachsen in einer Zeit des Friedens und des Wohlstands. Legt viel Wert auf Selbstdarstellung.
Nach 2000er: In das Informationszeitalter hineingeboren. Erlebt für China so wichtige Ereignisse wie die globale Integration in die Weltwirtschaft, zweistellige Wachstumsraten und ungeahnte materielle Vielfalt.
Nach 2010er: Hypervernetzt mit dem Internet, aufgewachsen in einer fortschrittlichen Konsumgesellschaft.

Unter den oben genannten „Nach-Jahrgängen" stehen die folgenden drei Generationen von Verbrauchern im Vordergrund:

Die Nach '80er:
Im Jahr 1980 wurde in China die Ein-Kind-Politik eingeführt und bis 2016 beibehalten. Die Nach 80er sind also die erste Generation davon und auch Zeugen bedeutender kultureller und wirtschaftlicher Verschiebungen. Sie sind auch die erste Generation in China, die die in einer Konsumgesellschaft erwachsen wurde. Waren ihre Eltern noch während der Kulturrevolution (1966–1976) aufgewachsen und schwankten zwischen traditionellen und neuen Trends, ist diese Generation in einem offeneren Umfeld groß geworden. Waren die achtziger Jahre in China doch insgesamt eine Ära der Öffnung und der Reformen, in der Privateigentum und Sonderwirtschaftszonen zur Einführung kapitalistischer Investitionen entstanden. Mitte der 80er Jahre stieg damit einhergehend auch der Lebensstandard rapide an sowie die Alphabetisierungsrate, da sich eine ständig wachsende städtische Mittelschicht ausbildete. Dies war auch die erste Generation, die den massiven Bildungsaufschwung erlebte, da die Eltern ihre einzigen Kinder verwöhnten, vor allem auch mit Bildung.

Die Nach '90er:
Eine Generation, die in Frieden und Wohlstand aufwächst. Dank der Öffnung Chinas haben sie auch mehr internationale Erfahrungen gesammelt und begonnen, mit dem Internet aufzuwachsen. Sie sind im Gegensatz zu ihren Eltern eine sehr individualistische Generation, in der das stabile und wohlhabende Umfeld es ihnen ermöglicht hat, ihre eigenen Bedürfnisse zu verfolgen. Sie erwarten von ihrer Karriere mehr als nur „über die Runden zu kommen". Insbesondere die Frauen der Post-90er Jahre sind eine starke treibende Kraft der „She Economy"[12], geben mehr als jede andere Altersgruppe aus für persönliche Interessen, Gesundheit und Schönheit. Insgesamt gibt diese Generation mehr Geld aus und spart weniger als die vorangehenden.

Die Nach 2000er:
In das Informationszeitalter hineingeboren, erleben sie den Boom des Internets und der digitalen Sphäre mit, sind mit bisher nicht gekannten Mengen an Information konfrontiert und bewegen sich spielerisch in den digitalen Medien. Online kommen sie mit einer Vielzahl von Menschen und Aktivitäten in Berührung und entdecken so schon früh ihre eigenen Interessen, über die sie sich dann selbst definieren. Sie erleben auch so bedeutende Ereignisse wie die Austragung der Olympischen Spiele in Beijing 2008. Diese Generation spürt die Verbesserung von Chinas globalem Status und Einfluss und entwickelt ein hohes Maß an nationalem Selbstbewusstsein und nationaler Identität. Sie hat eine besondere Vorliebe für Trendprodukte und mit ihr setzt der Boom und Erfolg von E-Commerce ein. Auch sie gibt mehr Geld aus als die vorangehenden Generationen.

3.8 Bedeutung ausländischer Marken

1978 begann die sogenannte wirtschaftliche Öffnung Chinas, die durch die Reformpolitik Deng Xiaopings eingeläutet wurde. Von Beginn an waren ausländische Produkte und Marken sowie auch Lifestyle ein zunehmend wichtiger Bestandteil für den chinesischen Konsumentenmarkt und durchaus eine Leitschnur und Orientierung während der folgenden vierzig Jahre rasanter Wirtschaftsentwicklung. Hier zur Verdeutlichung einige Highlights, wie und wann sich

---

[12] Da immer mehr Frauen in China eine Hochschulausbildung absolvieren, am Erwerbsleben teilnehmen und die Gründung einer Familie hinauszögern, ist ihre Kaufkraft signifikant gestiegen.

3.8 Bedeutung ausländischer Marken

ausländische Marken begannen, in China zu etablieren, und welche parallelen Entwicklungen stattfanden:

1978: Wirtschaftsreform: „Reform und Öffnung" für Auslandsinvestitionen und Einrichtung von Sonderwirtschaftszonen. Chinas BSP liegt bei 149 Mrd. US$.

1983: Nach Unterzeichnung des sogenannten Probemontagevertrages läuft der erste VW Santana vom Band. Im ersten Produktionsjahr werden in dem Joint Venture 578 Fahrzeuge hergestellt.

1987: KFC (Kentucky Fried Chicken) eröffnet sein erstes Restaurant in China nahe dem Qianmen. Das dreistöckige Restaurant ist gute 100 Quadratmeter groß, laut China Daily zum damaligen Zeitpunkt das größte KFC Outlet weltweit und ein Riesenerfolg vom Start weg. Chinas BSP steigt auf 273 Mrd. US$.

1992: LV (Louis Vuitton) eröffnet sein erstes Geschäft in Beijing.

1995: Chinas Konsumenten erhalten mehr Freizeit, da die Regierung die Arbeitswoche von sieben auf fünf Tage reduziert. Chinas BSP weist 735 Mrd. US$ aus.

1999: Das erste Starbucks eröffnet in Beijing. Die Mittelschicht erreicht 29 Mio. Menschen (2 % der Bevölkerung). Chinas BSP liegt bei 1.904 Mrd. US$.

2001: China tritt der WTO bei. Das BSP erreicht 1.339 Mrd. US$.

2008: Die olympischen Sommerspiele werden in Beijing ausgetragen. Das BSP steigt auf 4.594 Mrd. US$.

2009: Das iPhone wird offiziell in China gelauncht.

2010: China wird zur zweitgrößten Volkswirtschaft der Welt mit einen BSP von 6.087 Mrd. US$.

2014: Für Deutschland ist China inzwischen der drittwichtigste Handelspartner nach Frankreich und den Niederlanden und der größte Handelspartner außerhalb der Europäischen Union. Im Jahr 2014 belief sich das Handelsvolumen zwischen den beiden Ländern auf insgesamt 154 Mrd. US$, wobei 79 Mrd. US$ auf deutsche Importe aus China und 75 Mrd. US$ auf deutsche Exporte nach China entfielen (Statistisches Bundesamt, 2014). Im Vorjahr hatte China das mobile 4G Netzwerk gelauncht. Das BSP steigt auf 9.570 Mrd. US$.

2019: Starbucks eröffnet sein 4.300stes Kaffeehaus in China. Das BSP liegt bei 14.280 Mrd. US$.

2021: Die Volkswagen Group China setzt 3,3 Mio. Fahrzeuge ab, China ist damit der größte Automobilmarkt für das deutsche Unternehmen geworden. Das BSP ist weiter gewachsen auf 17.734 Mrd. US$.

Die Chronologie ließe sich gut und reichlich ergänzen mit ähnlichen Erfolgen und der Bedeutung Chinas für das Wachstum japanischer und südkoreanischer Automobil- und Unterhaltungselektronikhersteller. Oder amerikanischer Unternehmen, von denen hier Apple erwähnt werden sollte, dass im 4. Quartal 2021 trotz eines weltweit rückläufigen Smartphonemarktes in China einen Marktanteil von 23 % erreicht und es seit Jahren zum wichtigsten Markt des Herstellers macht. Den Luxusmarkt hatten wir bereits erwähnt. Ende 2022, kurz vor der Wende in der Covid-Politik der chinesischen Regierung, hatte Bain Consulting seine Prognosen angepasst und prognostiziert, dass China bis 2030 40 % aller Luxuskonsumenten stellen wird. Japanische, südkoreanische und europäische Kosmetika sind seit langem die Spitzenreiter bei chinesischen Verbrauchern. Auch wenn Verbraucheruntersuchungen zeigen, dass einheimische Marken zunehmend moderner und trendiger werden, bleiben sie bei Kosmetika den importierten Produkten treu. Ein klares Zeichen für die qualitativ hochwertigere Einschätzung ausländischer Marken und Produkte. Deutsche Industrieprodukte, Maschinen und Fahrzeuge haben in China eine enorm hohe Wertschätzung für deutsche Produkte geschaffen. Mit dem Siegel und der geschützten Herkunftsbezeichnung „Made in Germany" hat mittlerweile der Transfer von Industrie- zu Konsumgütern stattgefunden. So sind deutsche Drogerieartikel, Baby- und Säuglingsnahrung, Haushaltsgegenstände und mehr für chinesische Konsumenten ein Garant für Qualität und Zuverlässigkeit.

3.9 Stichwort „Guochao (国潮)" – Erstarkung chinesischer Marken und Chance für ausländische Marken

2020 stieg der Umsatz mit chinesischen FMCG-Marken um 2 %, während er mit ausländischen Marken um 6 % zurückging. Das hat zum einen sicherlich mit der Abschottung Chinas nach dem Ausbruch von Covid im Frühjahr des Jahres zu tun. Doch inzwischen ist deutlich geworden, dass die Affinität zu einheimischen Marken bei den Post 2000ern besonders ausgeprägt ist. Mehr als die Hälfte von ihnen hält einheimische Marken für ebenso gut wie ausländische. Einheimische Marken sind in der Regel erschwinglicher als ihre ausländischen Mitbewerber, reagieren schneller auf Trends und berücksichtigen die so wichtigen lokalen Vorlieben der Chinesen. Aufwind haben einheimische Produkte vor allem durch die sogenannte „Guochao"-Bewegung erfahren. Zusätzlich haben die sozialen Medien und neue Handelsformen wie D2C-E-Commerce[13] den rasanten

---

[13] D2C-E-Commerce bedeutet, dass der Hersteller seine Produkte über seinen Webshop direkt an die Verbraucher verkauft.

3.9 Stichwort „Guochao (国潮)" ...

Aufstieg vorangetrieben. Trotz dieser Trends werden ausländische Marken, die gelernt haben, durch ständig innovative Produkte sowie ein auf China angepasstes Marketing ihre Position zu halten, weiterhin besser wahrgenommen. Guochao kann also durchaus eine Chance auch für ausländische Marken sein.

Guochao 国潮 (guó cháo) bedeutet wörtlich übersetzt „nationale Welle" oder „nationaler Trend". Guochao steht als Begriff für die zunehmende Vorliebe der Verbraucher für chinesische Marken, Design und Kultur und sollte als Integration von traditioneller (chinesischer) Kultur und modernen (trendigen) Elementen verstanden werden. 2017 war vom chinesischen Staatsrat beschlossen worden, den 10. Mai zum alljährlichen chinesischen Markentag zu erklären. Im Startjahr waren chinesische Unternehmen und Marken dazu aufgerufen worden, „mit chinesischen Marken eine gute Geschichte über China zu erzählen". Chinas Ziel war damit national und international einen Imagewandel einzuläuten, weg von „Made in China" zu „Created in China", und den Aufstieg innovativer chinesischer Marken zu zeigen und zu fördern. Äußere Faktoren, die diese Entwicklung begünstigten waren die andauernden Spannungen und der Handelskrieg zwischen China und den USA, die Chinas Patriotismus verstärkten sowie den einhergehenden Präferenzwechsel zu einheimischen Produkten. Auch haben chinesische Marken erheblich Fortschritte und Verbesserungen bei Innovation, Qualität und Technologie gemacht und insbesondere die Post 2000er halten Qualität und Image chinesischer Produkte nicht mehr für minderwertig.

Die „nationale Welle" hat sich in China auf jeden Fall extrem schnell fortbewegt und zu einer raschen Expansion von aggressiven und aufstrebenden sowohl jungen als auch etablierten einheimischen Marken geführt. Gemeinsam ist allen offenbar die richtige Kombination aus Differenzierung, Segmentierung und Regionalisierung, die schnell zum Erfolg führte. So zeigt sich, dass die wichtigsten inländischen Kosmetikkäufer die Post 2000er sind, die in den unteren Tier-Städten leben und maßgeblich den Konsum nationaler Kosmetikprodukte ankurbeln. Im Modesegment erkennt man, dass chinesische Verbraucher nicht mehr bereit sind, globalen Trends passiv zu folgen, sondern diese Trends selbst mitgestalten und bestimmen wollen. Mit der Wiederbelebung traditioneller Bräuche und Kunst sehen Chinas Konsumenten China mehr und mehr als Innovationszentrum und sich selbst als Trendsetter.

Wichtig ist zu erkennen und zu verstehen, dass die „nationale Welle" aber nicht auf einheimische Marken, ob neu oder etabliert, beschränkt ist, sondern auch ausländische Marken sich erfolgreich an diese neue Phase von Verbrauchervorlieben anpassen und sie nutzen können. Zur Veranschaulichung hier einige Beispiele vom neuen Nebeneinander einheimischer und ausländischer Marken.

> **Beispiel 1 – Einheimische etablierte Marke revitalisiert sich: Li-Ning (李宁)**
>
> Li-Ning als Marke mag im Westen noch nicht sonderlich bekannt sein. An den Firmengründer Li Ning wird man sich aber erinnern können. Der ehemalige Kunstturner war der Schlussläufer des Fackellaufs bei den Olympischen Spielen in Beijing 2008 und drehte an einer Seilkonstruktion schwebend eine atemberaubende Runde durch das Olympische Stadion. Das von ihm 1989 gegründete Unternehmen mit der Marke Li-Ning ist einer der führenden Sportartikelhersteller in China. Durch die Positionierung im mittleren Marktsegment war es für Li-Ning beständig schwierig, sich gegen internationale Topmarken wie Adidas und Nike auf der einen Seite und billige lokale Marken auf der anderen Seite zu behaupten. Durch die zunehmenden Spannungen des Handelskrieges zwischen den USA und China und dadurch dass europäische Marken in den Sanktionsstreit zwischen den beiden Ländern mit hineingezogen wurden, kam es 2021 zu Boykotten von Marken vor allem im Bekleidungsmarkt. Li-Ning konnte diese Situation für eine Revitalisierung nutzen, indem es geschickt die chinesischen Nationalfarben Rot und Gold für seine Sportbekleidung einsetzte und damit nationalen Stolz demonstrierte. Durch geschickte Kooperationen übernahm Li-Ning zusätzlich die Führung beim Eintritt in die Ära des IP-Marketings für digitale Sammlungen. ◄

> **Beispiel 2 – Einheimische neue Marke wird schlagartig erfolgreich: Chicecream (钟薛高)**
>
> China ist der größte Eiskremmarkt weltweit mit einem geschätzten Volumen von 23 Mrd. US$. Die chinesische Eiskremmarke Chicecream wurde 2018 in Shanghai gegründet. Der chinesische Name „Zhōngxuēgāo – 钟薛高" ist ein Homophon für „Chinesische Eiskrem (zhōngxuěgāo- 中雪糕)". Da „China" nicht als Teil eines Markennamens registriert werden kann, verwendet es eine homophone Mischung aus drei chinesischen Familiennamen, um die authentische chinesische Identität darzustellen. Der Eiskremriegel selbst ähnelt vom Design einem chinesischen Dachziegel und zeigt von der Oberseite betrachtet das Zeichen „huí- 回", auf Deutsch zurückkehren, dar. Das Unternehmen ist extrem selbstbewusst im Marketing und positionierte sich vom Start weg im Premiumsegment mit Preisen von umgerechnet um 10 EUR für den Eiskremriegel. Zielgruppe ist ganz klar die junge und zunehmend

gesundheitsbewusste Konsumentenriege, bei der das Unternehmen die Zutaten seiner Produkte als zucker- und fettarm sowie 100 % natürlich anbietet. Mit Geschmacksrichtungen, die durch ihre Ausgefallenheit und Zutaten den Gaumen der chinesischen Konsumenten offenbar genau treffen, durch Konzentration auf Online-Verkaufskanäle und das Einbinden von KOLs[14] sowie das geschickte Kombinieren von chinesischen Stilelementen und das Schaffen einer lokalen Premiumeismarke wurde das Unternehmen binnen kürzester Zeit erfolgreich. ◄

Beispiel 3 – Etablierte ausländische Marke adaptiert Guochao: Pepsi.

PepsiCo war eines der ersten internationalen Unternehmen, das in China Fuß fasste. Seit mehr als vierzig Jahren werden seine Produkte dort verkauft. Ähnlich wie PepsiCo arbeiten die meisten internationalen Firmen und Marken seit Jahren intensiv an der Lokalisierung. Durch die Guochao-Bewegung hat das Thema jedoch enorm an Tempo gewonnen, da jetzt auch zunehmend schnelle Maßnahmen notwendig sind, um im Markt interessant und konkurrenzfähig zu bleiben. Die Strategie von PepsiCo ist dabei nicht nur das Einbinden von populären chinesischen Prominenten als Werbeträger, die die unkonventionelle junge Generation in China anziehen sollen. Es konzentriert sich zunehmend auf das Schaffen von mehr chinesischen Designs sowie beliebte lokale Geschmacksrichtungen, um für die chinesischen Verbraucher attraktiv zu bleiben. Dazu gehörten in den letzten Jahren Geschmacksrichtungen wie süßer Osmanthus in 2020 (eine für viele Chinesen nostalgische Geschmacksrichtung), Weißer Pfirsich mit Wulongtee in 2021 sowie Pomelo und Bambus-Aroma in 2022. Auch die Dosendesigns werden entsprechend mit Elementen angepasst, die speziell chinesische Verbraucher ansprechen. ◄

3.10 Welche Rechte haben Verbraucher in China?

Die Verbraucherrechte sind hauptsächlich in dem Bürgerlichen Gesetzbuch Chinas, dem Verbraucherschutzgesetz Chinas sowie dem Produkthaftungsgesetz Chinas geregelt. Unter dem Verbraucher versteht man eine natürliche Person, die die Waren oder Dienstleistungen für den täglichen Bedarf kauft oder nutzt.

---

[14] KOL steht für Key Opinion Leader, was in den westlichen Ländern auch als „Influencer" bezeichnet wird. Wichtige Meinungsführer sind Sprecher, Markenbotschafter oder Vordenker. Ihnen wird mehr Bedeutung und Relevanz beigemessen als den Massenmedien, da sie in der Lage sind, eine Verbindung zu ihrem Publikum herzustellen und eine Beziehung zu ihm aufzubauen.

Diese Definition ist entscheidend für die Geltendmachung der Verbraucherrechte in China.

Als eine der Vertragsparteien bei einem Kauf- oder Dienstleistungsvertrag hat der Verbraucher an erster Stelle die allgemeinen Vertragsrechte, wie zum Beispiel den rechtzeitigen Erhalt der mängelfreien Waren wie im Vertrag vereinbart. Neben den allgemeinen Rechten ist der Verbraucher darüber hinaus mit weiteren umfangreichen Rechten geschützt, einschließlich:

- dem Recht auf körperliche Unversehrtheit und Sicherheit des Eigentums: für Waren und Dienstleistungen, die die körperliche Unversehrtheit oder die Sicherheit deren Eigentums beeinträchtigen können, ist der Betreiber zur Angabe und Warnung verpflichtet. Die Betreiber von Geschäftsräumen wie Hotels, Einkaufszentren, Restaurants, Banken, Flughäfen, Bahnhöfen, Häfen, Theatern usw. haben daher gegenüber den Verbrauchern Sicherheitsschutzpflichten zu erfüllen.;
- dem Recht auf die Wahrheit über die Waren und Dienstleistungen;
- dem Recht auf Eigenentscheid;
- dem Recht auf fairen Umgang;
- dem Recht auf Schadenersatz: im Allgemeinen bedeutet der Schadensersatz im chinesischen Recht die Entschädigung. Der chinesische Gesetzgeber erlaubt nur ausnahmsweise den Strafschadensersatz, z. Bsp. zum Verbraucherschutz oder zur Garantie der Lebensmittel- und der Medikamentensicherheit. Im Falle eines betrügerischen Verhaltens durch den Anbieter darf der Verbraucher neben der normalen Entschädigung zusätzlich den Strafschadensersatz in der Höhe von 300 % des gezahlten Preises und nicht weniger als 500 CNY bzw. 200 % des erlittenen körperlichen Schadens (falls vorhanden) verlangen. Im Falle der Herstellung oder des Verkaufs von Lebensmitteln und Medikamenten, die nicht den Qualitätsstandards entsprechen[15], darf der Konsument neben der normalen Entschädigung zusätzlich den Strafschadensersatz in der Höhe von 1000 % des gezahlten Preises oder 300 % des erlittenen Schadens mit der Mindestsumme von 1000 CNY verlangen.
- das Recht auf Gründung von Verbrauchervereinigungen zur Interessenvertretung[16];
- das Recht auf einschlägige Informationen;

---

[15] Eine Ausnahme gilt, wenn die Etiketten und Anweisungen von Lebensmitteln fehlerhaft sind, aber die Lebensmittelsicherheit nicht beeinträchtigen oder die Konsumenten nicht irreführen.

[16] Diese Verbrauchervereinigungen sind von der Funktion her am ehesten vergleichbar mit den Verbraucherzentralen in Deutschland.

3.10 Welche Rechte haben Verbraucher in China?   53

- das Recht auf Achtung der Menschenwürde und der nationalen Sitten und Gebräuche.
- das Recht auf Überwachung.

Die Geltendmachung der Verbraucherrechte ist häufig mit der Produkthaftung (einschließlich der fehlerhaften Kennzeichnung), der irreführenden Werbung und dem unlauteren Wettbewerb verbunden. Wegen der Zulässigkeit des Strafschadenersatzes zum Verbraucherschutz ist es in der Praxis nicht selten, dass eine natürliche Person eine riesige Menge von (hochpreisigen) Produkten kauft und dann einen Anspruch auf Strafschadenersatz geltend macht. Die juristische Stellungnahme über die Qualifizierung einer solchen natürliche Person als ein Verbraucher ist daher umstritten und in der Praxis von Region zu Region unterschiedlich.

In Bezug auf die importierten Produkte, insbesondere importierte Lebensmittel, muss der Verkäufer/Hersteller besonders sorgfältig auf die richtige Kennzeichnung achten. Viele Beschwerden oder Rechtsklagen gegen den Verkäufer/Hersteller kommen durch fehlerhafte oder mangelnde Kennzeichnung. Vor dem 1. Oktober 2015 konnte ein Verbraucher leicht einen Rechtsanspruch auf Strafschadenersatz in der Höhe von 1000 % des bezahlten Preises verlangen, auch wenn nur ein winziger Fehler in der Kennzeichnung der Lebensmittel gefunden wurde. Der Käufer wurde dann wirtschaftlich stark motiviert, absichtlich eine riesige Menge von solchen Lebensmitteln mit fehlerhafter Kennzeichnung zu kaufen und anschließend einen Anspruch auf Strafschadenersatz geltend zu machen. Behörden sowie Gerichte wurden von der schieren Häufigkeit solcher Fälle komplett überlastet. Folglich wurde das Lebensmittelsicherheitsgesetz im Jahr 2015 modifiziert, wonach der Anspruch auf Strafschadenersatz nicht mehr begründet wird, wenn die Etiketten und Anweisungen von Lebensmitteln zwar fehlerhaft sind, aber die Lebensmittelsicherheit dadurch nicht beeinträchtigt oder der Verbraucher nicht irregeführt wird.

Schließlich hat der Verbraucher das Rückgaberecht beim Online-Handel und Käufen via Internet, Fernsehen, Telefon, Post u. a., womit der Verbraucher innerhalb von sieben Tagen nach Erhalt der Ware ohne Angabe von Gründen diese zurückgeben kann. Ausgenommen davon sind folgende Waren: kundenspezifische Waren, frische und verderbliche Waren, digitalisierte Waren, die online heruntergeladen oder vom Verbraucher geöffnet wurden sowie zugestellte Zeitungen und Zeitschriften.

Glossar der verwendeten Abkürzungen

PPP	Purchasing Power Parity (Kaufkraftparität)
CNY	Chinese Yuan (offizielle Bezeichnung der chinesischen Landeswährung)
Guochao	国潮 (guó cháo) (Nationale Welle, Nationaler Trend)
KOL	Key Opinion Leader (Haupt-Meinungsführer innerhalb eines Themengebietes, einer Organisation oder einer Gruppe)

Literatur

1. National Data, National Bureau of Statistics of China. https://data.stats.gov.cn/easyquery.htm%3Fcn%3DC01. Zugegriffen: 23. März 2023.
2. OECD, Consumer confidence index (CCI). https://data.oecd.org/leadind/consumer-confidence-index-cci.htm. Zugegriffen: 23. März 2023.
3. National Data, National Bureau of Statistics of China. https://data.stats.gov.cn/easyquery.htm%3Fcn%3DC01. Zugegriffen: 23. März 2023.
4. National Data, National Bureau of Statistics of China. https://data.stats.gov.cn/easyquery.htm%3Fcn%3DC01. Zugegriffen: 23. März 2023.
5. World Bank and OECD National Accounts data files, GDP per capita (current US$) – China. https://data.worldbank.org/indicator/NY.GDP.PCAP.CD%3Flocations%3DCN. Zugegriffen: 23. März 2023.
6. World Bank, Gini index – China. https://data.worldbank.org/indicator/SI.POV.GINI%3Flocations%3DCN. Zugegriffen: 23. März 2023.
7. World Bank, China Gender Landscape (English). Country Gender Landscape Washington, D.C.: World Bank Group. http://documents.worldbank.org/curated/en/099859106302221755/IDU02836535e0a9aa04390081e507541d2aabe41. Zugegriffen: 23. März 2023.
8. Claudia D'Arpizio, Federica Levato, Constance Gault, Joëlle de Montgolfier, and Lyne Jaroudi (2021), From Surging Recovery to Elegant Advance: The Evolving Future of Luxury. https://www.bain.com/insights/from-surging-recovery-to-elegant-advance-the-evolving-future-of-luxury/. Zugegriffen: 23. März 2023.
9. National Bureau of Statistics of China (2023), Statistical Communiqué of the People's Republic of China on the 2022 National Economic and Social Development. http://www.stats.gov.cn/english/PressRelease/202302/t20230227_1918979.html. Zugegriffen: 23. März 2023.
10. United Nations, Department of Economic and Social Affairs, Population Division https://data.un.org/Search.aspx%3Fq%3Dpopulation. Zugegriffen: 23. März 2023.

4 E-Commerce und Social Commerce nehmen in China eine herausragende Stellung ein

Zusammenfassung

China hat den E-Commerce-Handel zu einer Erfolgsgeschichte gemacht. Das Zusammentreffen wichtiger Faktoren wie steigender Kaufkraft, Begeisterung für Technik und Technologie, der Synthese von Einkauf und Unterhaltung sowie der Dominanz mobiler Zahlungen haben chinesischen Verbrauchern und den riesigen Plattformen der Hightechgiganten hier einen deutlichen Vorsprung verschafft. Die Entwicklung schreitet wie überall in China weiter zügig voran. Westliche Unternehmen sollten daher die Grundlagen kennen und verstehen, um sich in Chinas E-Commerce-Welt besser zurechtzufinden und Möglichkeiten für sich und ihre Produkte zu finden. Dazu gehören die Struktur der E-Commerce-Landschaft mit den dominanten Plattformen, die unterschiedlichen Formen von Geschäftsmodellen, die sich entwickelt haben, sowie das Verständnis für die sehr spezifische Form, Einkauf mit Unterhaltung zu verbinden. Einstiegsmöglichkeiten bieten Geschäftsmodelle wie der grenzüberschreitende Onlinehandel, die im Vergleich zum klassischen Handel auch Besonderheiten in steuerlicher wie rechtlicher Hinsicht aufweisen.

4.1 Internet per Mobile-First – wie sich China weltweit in die Spitzenposition begeben hat

In China werden Internetnutzer höflich als „Netzbürger" oder „Netizen" (wǎngmín网民) bezeichnet. Nach Angaben des staatlichen China Internet Network Information Center (CNNIC) gab es bis Juni 2022 in China 1,051 Mrd. Netizen und die Internetdurchdringung lag bei 74,4 %. Im gleichen Zeitraum erreichte die Zahl der mobilen Netizen 1,047 Mrd., der Anteil der chinesischen

© Der/die Autor(en), exklusiv lizenziert an Springer Fachmedien Wiesbaden GmbH, ein Teil von Springer Nature 2024
W. Kohl und X. Ren, *Geschäftsanbahnung in China*,
https://doi.org/10.1007/978-3-658-41980-6_4

Netizen, die über Mobiltelefone auf das Internet zugreifen lag, damit bei 99,6 %[1]. Für viele Menschen in China, vor allem in ländlichen Gebieten, war und ist ihre erste Interneterfahrung am häufigsten mobil und das Smartphone der wichtigste Gegenstand für die Kommunikation im täglichen Leben.

Es sind verschiedene Faktoren und Entwicklungen, die im Falle Chinas zusammenkommen und diesen gigantischen Transfer aus der „analogen" Welt in die digitale so erfolgreich und schwindelerregend schnell vorangetrieben haben. China hat seit der Reformöffnung Ende der achtziger Jahre anfänglich etablierte (und etwas angestaubte) Technologien übernommen, hauptsächlich in den frühen Joint Ventures (JV) mit ausländischen Unternehmen, die zum Beginn dieser Ära die bevorzugte und in vielen Segmenten im Grunde die einzig mögliche Form der Zusammenarbeit boten. Doch die JV-Epoche war stets eine Mischung aus Geben und Fordern, sprich die chinesische Industrie hatte Zugang zum Markt im Gegenzug zu Zugang zur Technologie als Verhandlungsmaxime eingesetzt und das in vielen Bereichen sehr erfolgreich. In bestimmten Bereichen war jedoch von Beginn an klar und langfristig geplant worden. Zu dem Zeitpunkt als auch Singapur und Malaysia über die sogenannten High Tech- und neuen digitalen „Korridore" begannen die Transformation und Beschleunigung ihrer Wirtschaften und damit das Internetzeitalter einzuläuten, hat China begonnen seine Binnenstruktur im Telekommunikationsmarkt durch massive, langfristige und geschickte Investitionspolitik und -anreize in Rekordtempo aufzubauen.

So hatte zu Beginn der 2000er Jahre sehr schnell der Aufbau von mobilen Sendestationen den klassischen Ausbau der Festnetzverbindungen um Längen abgehängt. Für mehr und mehr chinesische Konsumenten war es einfacher, ein erstes Mobiltelefon zu erwerben als einen Anschluss in die eigene Wohnung gelegt zu bekommen. Der Einsatz von PCs war im Rückblick im Grunde auf den Einsatz im geschäftlichen Bereich beschränkt, für die privaten Nutzer wurden sehr schnell Laptops, Tablets und dann die mit ständig größer werdenden Displays versehenen Mobiltelefone das Kommunikationszentrum. Die günstigen Kosten für mobile Daten und die Verfügbarkeit von preiswerten Smartphones chinesischer Marken wie ZTE, Xiaomi, OPPO und Huawei waren weitere Gründe für die rapide Ausbreitung der mobilen Nutzung. Und vor allen Dingen Firmen wie Huawei und ZTE waren die Spitzenreiter in der Adaption und lokalen Entwicklung von Netzwerktechnologien für den Industrie- sowie Privatbereich. Auch beim aktuellen Mobilfunkstandard 5G gibt China ein hohes Tempo vor: bis 2025

---

[1] China Internet Network Information Center (CNNIC), The 50th Statistical Report on China's Internet Development, August 2022.

soll fast die Hälfte aller Mobilfunkverbindungen auf 5G umgestellt sein. Die chinesische Bevölkerung ist quasi direkt in ein Zeitalter übergegangen, in dem sie nur noch mobil ist. Dies hat enorme Auswirkungen auf das Verhalten der Verbraucher und darauf, was Unternehmen tun müssen, um im Wettbewerb erfolgreich zu sein.

4.2 Weshalb ist E-Commerce in China so erfolgreich (und einzigartig)

4.2.1 Der Beginn von E-Commerce in China

Onlinehandel ist in China von enormer Bedeutung: sein Anteil am gesamten Einzelhandel in China lag 2021 bei 45 % und damit mit Abstand weltweit an der Spitze. Der Grundstein für Chinas E-Commerce-Boom wurde größtenteils während der SARS-Epidemie in den Jahren 2002–2003 gelegt, als das Land kurzzeitig fast zum Stillstand kam. Einzelhändler wie JD.com (Jīngdōng 京东) passten sich an die Epidemie an, indem sie Bestellungen per Telefon und E-Mail entgegennahmen und schließlich eine Online-Plattform einrichteten. Die Alibaba Group (Ālǐbābā Jítuán阿里巴巴集团) gründete 2003 die C2C + B2C Online-Einkaufsplattform Taobao (Táobǎo淘宝) und 2008 die B2C Plattform Tmall (Tiānmāo天猫). Im Jahr 2015 wurde Pinduoduo (Pīn duōduō拼多多) ins Leben gerufen, das auf Chinas Märkte mit geringem Einkommen und dem Schwerpunkt in ländlichen Gebieten abzielt, indem es durch das sogenannte Team-Shopping (eine Form des Gruppenkaufs) preiswerte Produkte zu sehr günstigen Preisen anbietet. JD.com und Alibaba sind heute die größten E-Commerce Handelsplattformen, Pinduoduo mittlerweile die größte Social Commerce Plattform Chinas. Ende 2023 hat Pinduoduo sogar den Giganten Alibaba hinsichtlich Marktkapitalisierung überholt.

4.2.2 E-Commerce trifft genau die Bedürfnisse chinesischer Verbraucher

Chinesische Verbraucher sind neugierig, verwöhnt, lieben die Abwechslung und wollen alles über Produkte, die sie interessieren, wissen. Für sie sind Mundpropaganda und Empfehlungen aus dem Familien- und Freundeskreis, sowohl innerhalb der klassischen Community als auch der Soziale Medien Community, schon immer vertrauenswürdiger gewesen als Markenversprechen von Firmen und Produkten. E-Commerce in seiner chinesischen Form mit Online-Shopping-Plattformen, Team-Shopping, Live-Streaming, Influencern (KOLs) und ständig neuen Entwicklungen trägt dieser Gewohnheit komplett Rechnung. Es integriert Showrooming, Bewertungen, individualisierte Empfehlungen und mehr. Sucht ein chinesischer Verbraucher nach einem Produkt, hat er verschiedene Quellen zur Verfügung: er geht direkt über die großen E-Commerce-Plattformen, er wechselt zu einer kombinierten Social Media und E-Commerce-Plattform wie Xiaohongshu (小红书, das „chinesische Instagram), um Inspiration sowie Community-Bewertungen zu finden oder er wechselt weiter zu einer Informations- und Nachrichtenplattform oder App, um sich zu der betreffenden Marke noch tiefer zu informieren. Zudem ist E-Commerce für chinesische Verbraucher bequem, zeitsparend und durch günstige Versandkosten attraktiv.

▶ TIP: Die meisten chinesischen Verbraucher greifen über ihr Handy auf Webseiten zu oder suchen nach Produkten. In der Regel nutzen sie dazu Social Media-Apps wie WeChat und werden dort zuerst fündig. Für ausländische Firmen gilt daher die Empfehlung in China statt oder neben einer Webseite ein WeChat-Konto zu eröffnen, um dort ihr Unternehmen und ihre Produkte zu präsentieren. Daher ist eine mobilfähige chinesische Website, die mit diesem WeChat-Konto und anderen Social-Media-Konten integriert ist, ein Muss für ein reibungsloses Nutzererlebnis. Eine Website, die nicht für Mobilgeräte optimiert ist, kann durchaus dazu führen, dass mobile Besucher aufgrund einer schlechten Erfahrung bei der Nutzung diese sofort wieder verlassen.

4.2.3 Das E-Commerce Logistiksystem setzt Maßstäbe

China hat einen enormen Vorteil mit seinem landesweit umfassenden Logistiksystem, das auch das Wachstum und die Schnelligkeit seines E-Commerce-Marktes massiv unterstützt. Einen wichtigen Teil zum Erfolg der beiden größten E-Commerce-Plattformen, Alibaba und JD.com, waren massive Investitionen in die Entwicklung hocheffizienter Systeme und Netze zur schnellen und reibungslosen Auslieferung. Alibaba und JD.com sind dabei unterschiedliche Wege gegangen. So verfügt JD.com über ein eigenes landesweites Lager- und Logistikliefersystem. Alibaba dagegen übt keine physische Liefertätigkeit aus, sondern verwaltet ein Lagernetzwerk an strategischen Standorten sowie Zustelldienste. Die Leistungswerte sind beeindruckend für die Menge der Bestellungen und die Größe des Landes: etwa 70 % der E-Commerce-Bestellungen in China werden am gleichen Tag ausgeliefert!

4.2.4 Chinas Verbraucher sind auch beim Zahlen Mobile-First

China hat seinen eigenen Weg in Bezug auf Zahlungsmethoden entwickelt. Waren die meisten Länder von Bargeld auf Karten (Debit- und Kreditkarten) umgestiegen und sind nun dabei, den Sprung auf Mobiltelefone zu machen, hat China diesen Zwischenschritt übersprungen. So ist die Verwendung von Kreditkarten in China lediglich sporadisch bis kaum vorhanden. Für die Mehrheit der Chinesen ist das Bezahlen mit dem Mobiltelefon also bereits seit einigen Jahren zur zweiten Natur geworden. Im Alltag bedeutet das: Ende 2021 nutzen etwa 87,6 % der Gesamtbevölkerung Online-Zahlungen[2]. Die beiden dominierenden Anbieter für mobile Zahlungen sind Alipay (Alibaba Group) und WeChat Pay (Tencent). Durch das Einbinden mobiler Zahlungsmöglichkeiten in das nahezu komplette Ökosystem des Handels sind chinesische Verbraucher allein mit ihrem Smartphone in der Lage zu surfen, einzukaufen und zu bezahlen ohne die App zu wechseln.

4.2.5 Die fehlende Einzelhandelsinfrastruktur in ländlichen Gebieten

Ländliche Gebiete und Städte der unteren Tier-Ebenen, in denen die Einzelhandelsstruktur, wie Läden, Lager und Straßen noch nicht so gut entwickelt ist, haben in den letzten Jahren besonders stark zum Wachstum von E-Commerce beigetragen. Online findet diese Verbrauchergruppe mehr Vielfalt und Optionen als sie es vor ihrer Haustür haben könnten.

4.3 Super Apps – Das Bindeglied zwischen Verbraucher und Handel (am Beispiel WeChat – Weixin 微信)

Im beschriebenen Mobile-First China kommt der Verbindung zwischen Verbraucher und Handel eine entscheidende Rolle zu. Hier hat sich in China mit den sogenannten Super-Apps ein Instrument entwickelt, dass ein umfassendes und integriertes Ökosystem darstellt und für den Anwender sehr schnell unverzichtbar

---

[2] Payment & Clearing Association of China, 2022. China Payment Industry Annual Report 2022. China Financial Publishing House.

Tab. 4.1 Vergleich von Weixin + WeChat mit westlichen Apps

Weixin + WeChat =	Vergleichbare App im Westen
Messaging	Twitter, WhatsApp, FaceTime
+ Soziales Netzwerk	Facebook, Instagram, LinkedIn
+ Mobile Zahlungen	Apple Wallet, GPay, PayPal
+ E-Commerce	Amazon, Yelp, eBay
+ Suchmaschine	Google, Bing
+ Fahrdienste	Uber, Lyft
+ Reise	Booking.com, Hotels,com

wird. Super-Apps decken eine Bandbreite an verschiedenen Diensten ab, während konventionelle Single-Purpose-Apps für eine Sache konzipiert sind.

Die omnipotente Alles-in-einem Super-App WeChat (Wēixìn – 微信)[3] ist dabei Chinas leistungsfähigste Social-Media-Plattform mit einer schier unvorstellbaren Liste von Funktionen. Das Ökosystem dieser Super-App bietet eine Komplettlösung, die außerhalb Chinas in dieser Form nicht existiert. Was als einfache Messaging-App begann, hat sich im Laufe der Jahre zu einer sorgfältig gestalteten Lifestyle-Plattform entwickelt. Die einzelnen Elemente sind nahtlos miteinander verknüpft und ermöglichen es dem WeChat-Nutzer sich mit Freunden zu vernetzen, Nachrichten zu lesen, Essen zu bestellen, Geld zu senden, Rechnungen zu bezahlen, Marken und Prominenten zu folgen und mehr. Und das alles, ohne WeChat zu verlassen. Rund eine Milliarde Menschen in China nutzen sie täglich auch für Sprach- und Videoanrufe. Durch das Hinzunehmen von sogenannten Miniprogrammen können in den letzten Jahren auch Drittanbieter ihre spezialisierten Dienste innerhalb der App direkt zur Verfügung stellen.

WeChat muss man wohl anwenden, um es zu erleben und zu verstehen. Um eine Vorstellung zu bekommen, was chinesische Nutzer in dieser einen App nutzen können, findet sich in Tab. 4.1 (Vergleich von Weixin + WeChat mit westlichen Apps) eine Übersicht der wichtigsten Funktionsgruppen, bei der die westlichen Single-Purpose Apps zum Vergleich und Verständnis gegenübergestellt sind:

Auch die Leistungswerte sind beeindruckend:

---

[3] Wir beziehen uns hier der besseren Verständlichkeit wegen im Allgemeinen auf 微信 (Wēixìn), die in China ansässige Version von WeChat, mit ihrem englischen Namen WeChat. Es existieren in der Tat zwei Versionen von WeChat, eine für Nutzer in China, eine für Nutzer außerhalb Chinas. Sie gehören aus datenrechtlichen Gründen nicht zum selben System oder Server.

- MAU: 1,308 Mrd. (Q3/2022)[4]
- Demografie: 44 % Frauen, 56 % Männer[5]

Durch die Vielzahl der angebotenen Funktionen, darunter Shoppingerlebnis mit Videos und E-Commerce, beeinflusst WeChat mit der Fülle an Daten und Inhalten, die es seinen Nutzern bietet, zwangsläufig die Suchlandschaft. Daher – und wohl auch, weil es in China nie vergleichbare Suchmaschinen wie Google gab – wenden sich chinesische Nutzer von konventionellen Suchmaschinen ab und suchen stattdessen in solchen One-Stop oder Super-Apps, die wesentlich mehr Inhalte bieten und auch besser auf sie zugeschnitten sind.

Inländische Unternehmen haben diese Entwicklung miterlebt und wie in China üblich ihre Vertriebs- und Marketingaktivitäten entsprechend angepasst. Das Beispiel WeChat gehört zum Standard für die Kundenkommunikation, Unternehmensdarstellung, Werbung und vieles mehr. Ausländische Unternehmen sollten entsprechend Zeit und Vorbereitung investieren, diese Entwicklungen und Möglichkeiten in China zu verstehen, um sie nutzbringend selbst einsetzen zu können.

4.4 Stellenwert von E-Commerce im chinesischen Vertriebssystem und neue Entwicklungen

Zu den treibenden Kräften des chinesischen Einzelhandels gehören die weiterhin voranschreitende Verstädterung und die wachsende Zahl der Verbraucher aus der Mittelschicht. Unabhängig davon wo sie leben, sei es in modernen Großstädten im Tier 1 Segment oder im ländlichen Raum, erwarten chinesische Verbraucher, dass ihr Einkauf einfach und bequem ist und zunehmend mehr Erlebnis- und Unterhaltungscharakter aufweist. Die rapide E-Commerce Entwicklung in China zeigt, wie entscheidend er für die Verbraucherseite geworden ist und sich damit gleichzeitig zu einem wichtigen Instrument für Unternehmen im Einzelhandel entwickelt, das sie nutzen und an das sie sich anpassen müssen, um ihre Kunden zu erreichen.

Ob durch die Erfolgsgeschichte des E-Commerce die Ära des traditionellen Einzelhandelsgeschäftes in China langsam zu Ende geht, lässt sich schwer

---

[4] Announcement of the Results for the 3 and 9 Months ended 30 September 2022 of Tencent Holdings Limited, 2022. https://www1.hkexnews.hk/search/titlesearch.xhtml. Zugegriffen: 21 März 2023.

[5] Weiboyi (2022), 2022 Mainstream Social Media Platform Trend Insight Report. https://new.qq.com/rain/a/20220511A0BOB900. Zugegriffen: 22. März 2023.

beantworten. Im Bereich der großen Hypermarkets (SB Warenhäuser) haben sich zunächst jedenfalls die großen ausländischen Firmen mittlerweile von China verabschiedet. 2013 erfolgte der Verkauf der thailändischen Supermarktkette CP Lotus an die chinesische Wumart Gruppe, 2019 verkauften sowohl die Metro AG 80 % von Metro China an die chinesische Wumei Gruppe als auch Carrefour (der bis dahin größte ausländische Hypermarket in China) 80 % an die chinesische Suning Gruppe. Den Abschluss bildete die südkoreanische Lotte Gruppe, die 2022 ihren Ausstieg aus dem chinesischen Einzelhandel ankündigte. Durch diese Übernahmen konnten auf der anderen Seite die bedeutenden chinesischen Einzelhandelsfirmen ihre Marktanteile erhöhen, durch bessere Lieferketten sowie breiter Vertriebskanäle eine größere Effizienz erzielen und damit ihre Position auf dem Markt stärken. Und doch gibt es in diesem Segment wieder ausländische Ein- und Aufsteiger: der amerikanische Großhändler Costco eröffnete 2019 im Shanghaier Distrikt Minhang sein erstes Geschäft in China, das zweite folgte 2021 in Suzhou, das dritte Mitte März 2023 im Shanghaier Distrikt Pudong, weitere sechs sind in Planung. Der interessante Punkt dabei ist, dass Costco in den fünf Jahren vor der Eröffnung eines physischen Geschäftes in China mit Flagship-Stores auf mehreren E-Commerce Plattformen erfolgreich vertreten war.

Der Stellenwert von E-Commerce im chinesischen Vertriebssystem ist auf jeden Fall bedeutend und wird sich in den kommenden Jahren noch weiter ausbauen. Das Ökosystem entwickelt sich sehr schnell, wird differenzierter und fragmentierter und es ist wichtig, bei aktuellen Entwicklungen den Überblick zu behalten. Das betrifft zum einen neue Geschäftsmodelle und Möglichkeiten, die auch für ausländische Unternehmen im Verkauf und Marketing von Bedeutung sein können. Zum anderen ist es wichtig, sich über alle E-Commerce-Gesetze und -Vorschriften zu informieren, die in China in Kraft treten. So hat der chinesische Gesetzgeber 2019 ein Gesetz verabschiedet, das die Verbraucher durch strengere Vorschriften für Händler schützen soll.

4.4.1 Traditionelles und neues – Sozial getriebenes – E-Commerce Modell in China

Das traditionelle E-Commerce Modell in China folgt im Wesentlichen dem klassischen Verkaufsmodell im nicht-digitalen Handel: der Suche des Verbrauchers nach einem Produkt unter dem Motto „Gib mir, was ich möchte". Das Modell ist zum besseren Verständnis in Abb. 4.1 mit den wichtigsten Schritten dargestellt.

Mit diesem Geschäftsmodell sind die ersten Plattformen gewachsen und dominieren noch heute mit deutlichem Abstand den E-Commerce-Markt: Taobao und

4.4 Stellenwert von E-Commerce im chinesischen Vertriebssystem ...

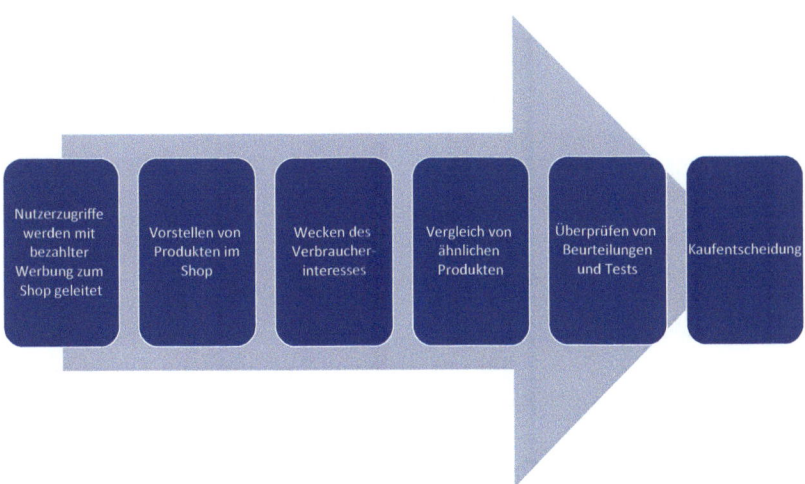

Abb. 4.1 Klassisches E-Commerce Verkaufsmodell

Tmall von Alibaba sowie JD.com. Den dritten Topplayer dieser Gruppe stellt Pinduoduo dar.

Das neue sogenannte Social-Media-gesteuerte E-Commerce Modell spiegelt sowohl die Entwicklung in technologischer Hinsicht (Einsatz von Big Data, KI Empfehlungsalgorithmen, Livestreaming mit Influencern und native E-Commerce Shops auf Social-Media Plattformen) als auch ein sich wandelndes Verbraucherverhalten, das mehr Informationen, mehr Unterhaltung und zunehmend Empfehlungen möchte. Das neue Motto lautet „Wir empfehlen, was speziell Sie kaufen sollten". Die Darstellung der essentiellen Abläufe ist aus Abb. 4.2 ersichtlich.

Dieses Geschäftsmodell aus der nahtlosen Verquickung von E-Commerce mit Social Media, der Social Commerce, wurde von der neuen Generation von Tech-Unternehmen geschaffen und hat in den letzten Jahren mit immensen Wachstumsraten vor allem die junge Generation für sich gewonnen. Zu den wichtigsten und erfolgreichsten Unternehmen dieses Modells gehören Unternehmen und Marken wie Little Red Book, Taobao Live, Douyin (der Muttergesellschaft Bytedance gehört auch Tiktok), Kuaishou sowie WeChat Channels.

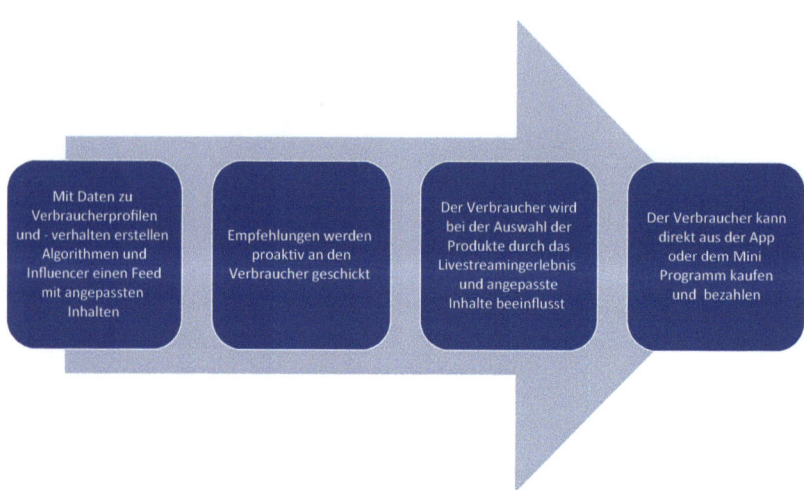

Abb. 4.2 Social-Media getriebenes E-Commerce Modell

4.4.2 Neue Entwicklungen im chinesischen E-Commerce

Am Anfang des E-Commerce standen zwei Modelle, die identisch sind mit dem traditionellen, nicht-digitalen Vertrieb und Handel: B2B (Business-to-business) und B2C (Business-to-consumer)[6]. Die bis dahin gewohnten stationären Geschäfte und Märkte wurden salopp ausgedrückt digitalisiert und auf Internetplattformen gehievt. Das physische Einkaufen entfällt, damit aber auch die direkte Produkterfahrung, die Auswahl für Verbraucher wird enorm vergrößert, Produktinformationen sind einfacher erhältlich und Unternehmen finden zusätzliche Marketingmöglichkeiten. In den letzten Jahren haben sich in China daraus eine ganze Reihe von neuen E-Commerce Modellen entwickelt, die wir im Folgenden kurz skizzieren wollen.

O2O – Online-to-offline
Es klingt möglicherweise kurios, im Rahmen von E-Commerce noch von klassischer Offline Ladenerfahrung zu sprechen. Doch in China ist O2O ein relevantes

---

[6] B2C steht für „Business-to-Consumer" und bezeichnet somit die Kommunikation und die Geschäftsbeziehungen zwischen Unternehmen und ihren Kunden, solange es sich dabei um Privatpersonen handelt. B2B dagegen steht für „Business-to-Business" und bedeutet, dass ein Unternehmen seine Produkte oder Dienstleistungen an ein anderes Unternehmen verkauft.

4.4 Stellenwert von E-Commerce im chinesischen Vertriebssystem ...

Einzelhandelsmodell. Es ermöglicht es Marken und Händlern, über Online-Kanäle mit ihren Kunden in Verbindung zu kommen und sie zu erreichen, um damit ein Offline-Erlebnis im traditionellen Einzelhandel zu aktivieren. Von Marken- und Händlerseite sind im Rahmen der digitalen Entwicklung viele Kundendaten vorhanden, die es ermöglichen, entsprechende Angebot zu erstellen. Das Modell findet viel Zuspruch, ein Zeichen dafür, dass das traditionelle Einkaufserlebnis weiterhin geschätzt wird.

CGB – Community Group Buy

Bei Gruppenkäufen schließen sich Verbraucher in Selbstorganisation zusammen und integrieren kleine Bestellungen von Haushalten in der Gemeinschaft in eine größere Bestellung. Für Händler bedeutet das häufigere Umsätze und Reduzierung des Aufwandes (einheitliche Lieferung, niedrige Logistikkosten) und erübrigt Zwischenhändler, sodass entsprechend Rabatte gewährt werden können. Auf Seite der Gemeinschaft koordiniert meist ein Gruppenleiter die Bestellungen innerhalb eines Stadtteiles oder Dorfes. Das ganze findet normalerweise auf WeChat über Miniprogramme statt. E-Commerce Gruppenkäufe überwiegen in unteren City Tiern sowie ländlichen Gebieten und haben auf dem Land zu einem regelrechten Boom geführt.

D2C – Direct-to-consumer

Ein Unternehmen stellt seine Produkte her und liefert sie ohne weitere Zwischenhändler in der Lieferkette direkt an seine Kunden. Das gibt dem Unternehmen die volle Kontrolle über Produktion, Marketing und Vertrieb. Durch die ständig zunehmende Menge an Verbraucherdaten haben Unternehmen, die auf D2C setzen, zusätzlich eine hohe Flexibilität und sind in der Lage, Produkte sehr schnell anpassen zu können. Erfolgreiche Beispiele finden sich in China im Kosmetiksegment.

C2M – Consumer-to-manufacturer

Auch bei diesem neuen E-Commerce-Geschäftsmodell kommen die immer wichtiger werdenden Big Data Ressourcen der Plattformen zum Zuge. So können Chinas E-Commerce-Plattformen durch den Einsatz von Algorithmen ihre Datenbanken über Verbraucherverhalten nutzen, um Analysen und Vorhersagen zu treffen, was Hersteller produzieren sollen, um auf kommende Nachfragetrends von Verbrauchern zu reagieren. Die Produktplanung geht dabei über Empfehlungen wie beispielsweise den Längen und dem Design von Bekleidung hinaus und umfasst auch Hinweise für die Verpackungs- und Preisgestaltung bis hin zur Onlinevermarktung. Durch diese gezielte Beratung können Hersteller effizienter und kostengünstiger produzieren und damit wiederum Preisvorteile an den Verbraucher weitergeben. Auch die Plattform profitiert in diesem Kreislauf, da sie gezielter Werbung platzieren und verkaufen kann.

Live-Streaming

Bei dem E-Commerce Segment Live-Streaming verschwinden in China die Grenzen zwischen Verkauf und Unterhaltung. Die drei größten Anbieterplattformen für Video & Live-Stream sind Douyin, Kuaishou und Taobao live. Neben dem E-Commerce Live-Stream sind alle drei also auch Anbieter von Kurzform Videos (short-form oder short-format video). Im Ausland sind Kurzform Videos der wichtigste Inhalt für Plattformen wie Youtube, Tiktok oder Instagram, man kennt diese Medienform also und sie ist weltweit eine der erfolgreichsten. Einzigartig ist jedoch das E-Commerce Live-Streaming als Verkaufskanal. Bei der typischen Livestream-Sitzung, die über mobile Geräte möglich ist, werben die Moderatoren für ihre Produkte und verkaufen sie, während die Kunden zusehen, mit anderen chatten und einkaufen. Das alles passiert gleichzeitig. Auch Fragen der Zuschauer werden von den Moderatoren in Echtzeit und für alle Teilnehmer zum Mitverfolgen beantwortet. Vorbei sind für chinesische Livestream-Zuschauer also die Zeiten, in denen auf mobilen Geräten Webseiten von Marken und Produkten, die sie interessieren, unpersönlich auf- und ab gescrollt und gelesen werden müssen.

E-Commerce Livestream wird ein immer wichtigerer Verkaufskanal für Unternehmen und ihre Marken wird. Häufig werden auch Produkte präsentiert, die direkt von den Herstellern angeboten werden und damit einen deutlichen Preisvorteil bieten. Weiter werden die Kaufpräferenzen und Anreize für chinesische Verbraucher durch zeitlich begrenzte Rabatte oder Gutscheine für günstige Angebote ausgewählter Produkte angesprochen. Das Segment ist also ungemein lebendig und damit für Verbraucher, vor allem die jüngere Generation, unglaublich attraktiv. Einen deutlichen Schub hatte das ohnehin schon attraktive Format während der Covid-Pandemie erhalten, als in China nahezu alle Aktivitäten von zuhause aus stattfanden und die Mischung aus Unterhaltung und Einkaufen eine mehr als willkommene Abwechslung darstellte. Die dominierenden Kategorien an Produkten, die über E-Commerce Livestream verkauf werden sind Bekleidung und Mode, Kosmetik, frische Lebensmittel und Elektronikartikel. Beeindruckend ist der geschätzte Bruttowarenwert (GMV) von 171 Mrd. US$ im Jahr 2021 für Verkäufe in diesem Segment.

▶ Bei dem Thema E-Commerce kommt eine wichtige Besonderheit im regulativen Bereich Chinas dazu. Nahezu alle ausländischen Social Media Plattformen und Anbieter sind in China geblockt. Die sogenannte „Great Firewall" ist mittlerweile sehr ausgereift und auch mit dem Einsatz von VPN, der in China noch dazu genehmigungspflichtig ist, besteht keine Garantie, dass man Zugang zu den ausländischen Seiten bekommt. Auch die im Westen ubiquitäre Suchmaschine Google ist in China nicht zugelassen. Für ausländische Unternehmen bedeutet dies also ein konsequentes Umdenken und Umschalten auf die nationalen Anbieter sowie lokale Formate und Inhalte.

4.5 Wie kann ich mein Produkt (meinen Service) in China per E-Commerce und Social Commerce vermarkten? (Wo sind Ansätze für deutsche Unternehmen?)

4.5.1 Generelle Struktur des E-Commerce in China

Ausländische Unternehmen sollten sich zunächst mit der generellen Struktur des E-Commerce in China vertraut machen. Es gibt nach unserer Einschätzung drei wichtige Kategorien: Marktplätze, Social Commerce (oder Social Shopping) und Direktverkauf. Jede Kategorie bietet eine unterschiedliche Möglichkeit für ausländische Unternehmen, ihre Produkte auf dem chinesischen Markt zu verkaufen oder die Vermarktung zu unterstützen oder beides zu kombinieren.

Marktplätze ermöglichen es, einen Online Store auf einer der führenden Plattform einzurichten und damit Zugang zu den Nutzern dieser Plattform zu bekommen. Die führenden Plattformen hierfür sind Tmall, JD.com und Pinduoduo.

Social Commerce stützt sich auf die Wirkung und den Einfluss von Influencern, um Marken bekannt zu machen und Verkäufe zu steigern. Hier sind die stärksten Plattformen Douyin, Little Red Book sowie Taobao live.

Für den Direktverkauf entwickeln Marken ihre eigene Website, App oder ein Miniprogramm, bei dem sie die volle Kontrolle haben. Diese wird dann als WeChat MiniApp im Android oder Apple Store angeboten.

Ein erster möglicher Einstieg in den chinesischen E-Commerce, der sich auch und vor allem von außerhalb Chinas launchen und lenken lässt, ist der sogenannte grenzüberschreitende B2C-Online-Handel, kurz CBEC (für Cross-border E-commerce), den wir im Folgenden genauer darstellen.

4.5.2 Arten der verschiedenen Plattformen

In der digitalisierten Wirtschaft interagieren die Unternehmen mit den Nutzern über viele verschiedene Arten von Online- bzw. webbasierten Benutzeroberflächen, die „Plattformen" genannt werden. Unabhängig davon, wie die Geschäftsmodelle strukturiert sind, ist das zugrunde liegende Rechtsverhältnis der Kauf und Verkauf, wobei die Plattform Verkäufer, Makler, Dienstleister oder alles zusammen sein kann. Einen Überblick zu den wichtigsten chinesischen Internetplattformen und -portalen mit Kurzcharakteristika haben wir in zusammengestellt (Tab. 4.2).

Tab. 4.2 Übersicht der wichtigsten Internetplattformen und -portale in China

Plattform	MAU (Monthly Active Users)	Inhaber	Kurzbeschreibung	Vergleich mit westlichen Plattformen
Taobao	895 Mio. (2023)	Alibaba	Größte B2C und C2C Plattform	Amazon, eBay
Tmall	780 Mio. (2023)	Alibaba	Größte B2C E-Commerce Plattform	Amazon, Instagram
JD	521 Mio. (2021)	JD Group	Einer der größten B2C Onlineeinzelhändler	Amazon, eBay
Pinduoduo	751 Mio. (2023)	Pinduoduo Group	Mix aus Pinterest, Shopping und Social Network	Amazon, Groupon
Little Red Book	260 Mio. (2023)	Privat, mit Anteilen von Alibaba und Tencent	Lifestyle-orientierte Inhalte Sharing Plattform mit starkem Social Commerce Fokus	Pinterest, Instagram
Douyin	755 Mio. (2023)	Bytedance	Größte Livestreaming- und Shortvideo-App	TikTok
Kuaishou	673 Mio. (2023)	Kwai Group	Zweitgrößte Livestreaming- und Shortvideo-App	TikTok

4.5.3 Neues Geschäftsmodell: Grenzüberschreitender B2C-Online-Handel (CBEC)

4.5.3.1 Grundsätze beim CBEC

CBEC ist ein von der chinesischen Regierung gefördertes Geschäftsmodell. Es ermöglicht internationalen Unternehmen, Produkte direkt online an chinesische Verbraucher zu verkaufen, ohne eine chinesische Rechtspersönlichkeit zu haben und gewährt Vorzugszölle bei der Einfuhr. Es ist als eine Einstiegsmöglichkeit für ausländische Marken und Produkte konzipiert und vorteilhaft für ausländische Unternehmen, um bei den ersten Schritten im chinesischen Onlinehandel Einsichten zu gewinnen.

Die Produktarten, die in der Form von CBEC eingeführt werden dürfen, sind in einer „List of Imported Commodities for Cross-border E-commerce Retail" (der sogenannten „Positivliste") aufgeführt. Die Positivliste wird in unregelmäßigem Abstand aktualisiert. Die aktuelle Positivliste ist wirksam seit dem 1. März 2022 und enthält 1476 Zolltarifnummern (HS Code).[7] Dabei handelt es sich um folgende Konsumgüter: Lebensmittel und Getränke, Alkohol, Haushaltsgeräte, Kosmetika, Spielgeräte, Sportgeräte, Kinderspielzeug, Haushaltswaren, Kleidung, Schuhe und Hüte, gefrorene Wasserprodukte usw.

Zur Förderung der Entwicklung von CBEC werden die Regulierungsanforderungen in den anwendbaren Gesetzen und Regelungen (z. B. Produktregistrierung, Qualitätsstandard, Kennzeichnung usw.) teilweise vereinfacht bzw. gelockert. So ist es beispielsweise oft ausreichend, wenn anstelle des physischen chinesischen Papieretiketts, das für importierte Produkte im regulären Export–Import-Geschäft Voraussetzung ist, ein chinesisches elektronisches Etikett auf den Kauf-Webseiten veröffentlicht wird.[8]

Um die steuerlichen Begünstigungen für CBEC (0 % Zoll, 70 % der zu zahlenden Einfuhrumsatzsteuer bzw. Verbrauchssteuer) zu erhalten, sind vor allem folgende Voraussetzungen zu erfüllen:

- Die importierten Produkte sind in der oben genannten Positivliste enthalten und
- Jedes Einzelgeschäft darf einen Wert von 5000 CNY (ca. 675 EUR) nicht überschreiten und der Gesamtkaufwert eines inländischen Käufers darf in einem Kalenderjahr nicht höher als 26.000 CNY (ca. 3500 EUR) sein.

Die wesentlichen Plichten der ausländischen Verkäufer beim CBEC umfassen:

- Beauftragung einer inländischen Agentur zur Eintragung bei dem Zollamt;
- Übermittlung elektronischer Echtzeit-Geschäftsdaten sowie Bericht an das Zollamt mithilfe einer inländischen Agentur.
- Qualitätskontrolle;
- Risikohinweise an die Konsumenten sowie Übernahme der Verantwortung zum Konsumentenschutz usw.

---

[7] Announcement on the Adjustment of List of Imported Commodities for Cross-border E-commerce Retail, 2022. http://www.gov.cn/zhengce/zhengceku/2022–02/21/content_5674 854.htm. Zugegriffen: 21 März 2023.
[8] Siehe: Vereinfachte Regulierungsanforderungen für die Wareneinfuhr im Rahmen des grenzüberschreitenden E-Commerce (Cross Border E-Commerce, „ CBEC") im Kap. 6.2.3.

4.5.3.2 Klassisches Exportmodell versus CBEC

Zunächst wollen wir skizzieren, wie sich das klassische Handelsmodell (Export–Import) von dem CBEC Modell unterscheidet. Die Gegenüberstellung der Abläufe ist in Abb. 4.3 dargestellt.

Zur weiteren Veranschaulichung sind die wichtigsten Unterscheidungen beim Vergleich von CBEC mit dem klassischen Handelsmodell in Tab. 4.3 gegenübergestellt.

Beide Modelle haben ihre jeweiligen Vorteile sowie Einschränkungen:
Vorteile des klassischen Handelsmodells:

- Bei großen Massengutsendungen für Produkte, die hohe Verkaufszahlen und eine hohe Anzahl an Verkaufskanälen und -stellen haben, sind die Transportkosten pro Einheit niedrig.
- Die mögliche Produktpalette ist deutlich umfangreicher als bei CBEC.
- Die importierten Produkte können in China im klassischen Einzelhandel (dem stationären Handel) verkauft werden.

Nachteile des klassischen Handelsmodells:

- Zusätzliche Kosten entstehen durch die Einfuhrregistrierung und -zölle, Steuern sowie das vielschichtige Vertriebsnetz in China.

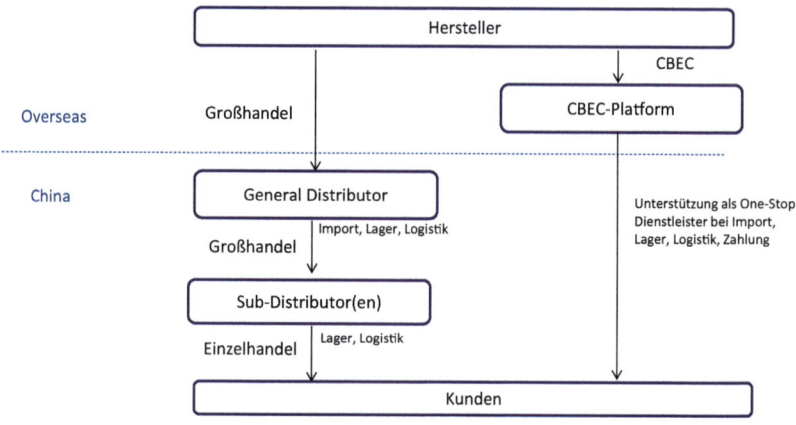

Abb. 4.3 Traditionelle Vertriebsstruktur versus CBEC

4.5 Wie kann ich mein Produkt (meinen Service) in China ...

Tab. 4.3 Vergleich CBEC mit klassischem Handelsmodell (Export–Import)

Geschäftsmodell	Export–Import-Modell	CBEC
B2B oder B2C Transaktion	Normalerweise B2B Transaktion, Befüllung der Einzelhandelskanäle erfolgt durch Distributor in China	Normalerweise B2C Charakter durch Mengenbeschränkungen. Dafür direkte Lieferung an Endverbraucher
Produktpalette	Soweit gesetzlich nicht verboten	Nur Produkte in der Positivliste
Hersteller/Exporteur	Sitz im Ursprungsland	Sitz im Ursprungsland
Handelsform	Export aus Ursprungsland – Import in Form regulären Handels in China	Export aus Ursprungsland – Import in der Form von CBEC in China
Importeur (Voraussetzungen hinsichtlich Firmenstruktur)	1. Via chin. Distributor: keine zusätzlichen Firmen notwendig, Distributor übernimmt Import und nationalen Verkauf; oder 2. Via Niederlassung in China: in China registrierte Firma (Handelsfirma) notwendig	Im Grunde eine Bestellung von Endkunden in China über eine Plattform in China, die die vollständige Unterstützung hinsichtlich Logistik, Import und Zollabwicklung durchführt. Kein Distributor notwendig
Markeneintragung	Markeneintragung in China empfehlenswert, um geschützt zu sein	Markeneintragung in China empfehlenswert, um geschützt zu sein
Produktregistrierung	Abhängig von Produktarten, Produktregistrierung in China notwendig	Abhängig von Produktarten, Produktregistrierung in China vereinfacht oder freigestellt
Verpackung und Kennzeichnung	Chinesische Verpackung empfehlenswert, Kennzeichnung auf Chinesisch verpflichtend (Etikett)	Chinesische elektronische Etikette auf den Kauf-Webseiten als Alternative, vorhandene Verpackung und Kennzeichnung akzeptabel

(Fortsetzung)

Tab. 4.3 (Fortsetzung)

Geschäftsmodell	Export–Import-Modell	CBEC
Zoll + Steuern	Einfuhrumsatzsteuer (13–17 %) + Verbrauchssteuer (nur bei steuerbaren Waren) + Zoll	70 % der normalen Einfuhrumsatzsteuer (13–17 %) + 70 % der normalen Verbrauchssteuer (nur bei zu versteuernden Waren)
Lager	Produkte müssen nach Verzollung in China gelagert werden, wenn nicht direkt an Kunden verkauft bzw. geliefert	Lagerung im Ursprungsland oder Übersee-Lagerhaus; Import auf per-order-Basis und direkte Zustellung an chinesischen Besteller
Zahlung	Vorauskasse (Überweisung und Kreditkarte), Akkreditiv, Dokumenteninkasso oder Wechsel, Kontokorrent und Konsignation	Online-Zahlung

- Für den Import wird ein chinesisches Unternehmen benötigt, entweder ein Distributor oder das eigene lokale Unternehmen des Herstellers oder Händlers.

Vorteile von CBEC:

- Der Hersteller oder Händler benötigt keine eigene Firma in China.
- Die Regulierungsanforderungen (z. B. Produktregistrierung, Qualitätsstandard, Kennzeichnung usw.) werden teilweise vereinfacht bzw. gelockert.
- Die Zollabwicklung kann online effizient und kostengünstiger erledigt werden.
- Sowohl der Verkäufer als auch die Kunden können von steuerlichen Begünstigungen für CBEC profitieren.
- Durch den direkten Verkauf an chinesische Verbraucher, also Endkunden, lassen sich wertvolle Daten sammeln und weiter nutzen.

Nachteile von CBEC:

- Die Produktpalette ist eingeschränkt (ausschließlich in der Positivliste aufgeführte Produkte werden für CBEC zugelassen).
- Plattformbetreiber können lediglich chinesische Unternehmen sein.

4.5.4 Was muss ich bei der Planung von E-Commerce und Social Commerce wissen und beachten?

4.5.4.1 Konsumentenschutz und verbundene zivilrechtliche bzw. verwaltungsrechtliche Verantwortung

Beim traditionalen Offline-Handel können die Verbraucher die Waren persönlich vor dem Kauf einsehen. Beim Online-Handel sind die Verbraucher jedoch stark von der Produktbeschreibung abhängig. Es ist eine große Herausforderung für die Verkäufer sowie die Moderatoren bei Livestream E-Commerce, die Produkte richtig zu beschreiben. Ansonsten kann eine Verletzung der Konsumentenrechte begangen werden, die weiterhin mit der Produkthaftung, der irreführenden Werbung und dem unlauteren Wettbewerb verbunden sein könnte. Das bedeutet, dass ein Verstoß gleichermaßen dem Verkäufer sowie dem Moderator die zivilrechtliche Verantwortung sowie die verwaltungsrechtliche bzw. strafrechtliche Bestrafung auferlegen kann. Aufgrund der großen Nutzerbasis bietet der Online-Handel sowohl höhere Profite als auch höhere Risiken. Im Jahr 2020 gab es beispielsweise einen Fall von einen Key-Livestreamer auf der Plattform Kuaishou. Wegen der irreführenden Vorstellung eines Produkts hatte die lokale Behörde in Guangzhou dem Betreiber des betroffenen Live-Raumes eine Verwaltungsstrafe in Höhe von 900.000 CNY auferlegt. Zur Wiederherstellung seines Ansehens und aufgrund der relevanten chinesischen Vorschriften über den Konsumentenschutz musste der Key-Livestreamer zudem versprechen, einen Schadenersatz in der Höhe von 61,98 Mio. CNY (ca. 8,3 Mio. EUR) an die Käufer zu zahlen.

Es ist zu betonen, dass der Konsument beim Online-Handel grundsätzlich das Recht besitzt, die Waren bis zu 7 Tage nach dem Erhalt ohne Angabe von Gründen zurückzugeben.[9]

4.5.4.2 Steuerliche Compliance

Abhängig von den Geschäftsmodellen ist die Besteuerung über den Verkauf der importierten Waren in China unterschiedlich. Zum besseren Verständnis haben wir hierzu einen Überblick in Tab. 4.4 erstellt.

---

[9] Das Rückgaberecht speziell bei Onlinekäufen ist ein extrem wichtiger Punkt für chinesische Verbraucher. Weitere Einzelheiten zu chinesischen Konsumenten stellen wir in Kap. 3 dar.

Es sollte hier erwähnt werden, dass jede Art der steuerlichen Begünstigung nach den vorgesehenen Voraussetzungen sowie dem entsprechenden Verfahren

Tab. 4.4 Besteuerung des Verkaufs von importierten Waren in China[10]

	Steuerpflichtiger	Steuerart mit Steuersatz
Großhandel (Traditioneller B2B)	Ausländischer Verkäufer	Stempelsteuer: 0.3 ‰[11]
	Inländischer Käufer (als Importeur)	Stempelsteuer: 0.3 ‰; Einfuhrumsatzsteuer: 13 %, 9 %, 3 %[12]; Verbrauchsteuer[13]: Steuersatz abhängig von den Produktenarten; Zoll: Steuersatz abhängig von den Produktenarten sowie einschlägigen Handelsabkommen
Einzelhandel (B2C) via CBEC (nur wenn alle Voraussetzungen erfüllt werden)	Ausländischer Verkäufer	–
	Inländischer Käufer	Einfuhrumsatzsteuer: 70 % der normalen Steuerbeträge; Verbrauchsteuer: 70 % der normalen Steuerbeträge; Einfuhrzoll: 0 %
Reisegepäck, per Post zugestellte persönliche Gegenstände	Ausländischer Absender	–
	Inländischer Empfänger (als Importeur)	Kombinierte Einfuhrabgaben (Einfuhrumsatzsteuer, Verbrauchsteuer und Zoll): 3 %[14], 13 %, 20 %, 50 %

---

[10] Es werden hier lediglich grundlegende Steuern aufgeführt. Der Inhalt dieses Buches kann zudem keine Rechtsberatung ersetzen, der Autor daher keine rechtlichen Stellungnahmen geben und auch keine Haftung übernehmen. Dem Leser wird hiermit empfohlen, sich in allen rechtlichen Fragestellungen von Fachanwälten beraten zu lassen.

[11] Nach der herrschenden Meinung unterliegen ausländische Verkäufer der Stempelsteuer in China, auch wenn der Kaufvertrag außerhalb von China ausgestellt, aber in China verwendet wird. Ausnahmsweise unterliegt der ausländische Verkäufer auch der Körperschaftsteuer in China, wenn eine Betriebsstätte in China gegründet wird.

[12] Dieser ermäßige Steuersatz von 3 % gilt nur für bestimmte Medikamente.

[13] Verbrauchsteuern belasten nur den Verbrauch bestimmter Güter, wie z. B. Tabak, Alkohol, Luxus-Kosmetik, Luxusuhren usw.

[14] Dieser ermäßige Steuersatz von 3 % gilt nur für bestimmte Medikamente.

durchgeführt werden müssen. Ansonsten könnten steuerliche bzw. zollrechtliche Gesetze und Vorschriften verletzt werden, wonach die verantwortliche Person verwaltungsrechtliche bzw. strafrechtliche Haftung tragen muss. Eine typische Rechtswidrigkeit ist der Weiterverkauf der in der Form von CBEC eingeführten Waren.

Glossar der verwendeten Abkürzungen

O2O	Online-to-offline (Online zu Offline: Konsumenten werden über Online Auftritte zu einem Besuch im Geschäft bewegt)
CGB	Community Group Buy (Onlinegruppenkauf, der über einen Gruppenleiter innerhalb einer Gemeinde, eines Dorfes o. ä. per Gruppenchat organisiert wird)
D2C	Direct-to-consumer (Direktvertrieb von Produkten und Dienstleistungen durch den Hersteller)
C2M	Consumer-to-manufacturer (E-Commerce Plattformen verbinden Endproduzenten und Endverbraucher, um maßgeschneiderte Produkte zu niedrigeren Preisen herzustellen)
MAU	Monthly Active Users (Monatlich aktive Nutzer, d. h. Anzahl der aktiven Nutzer für eine Webseite oder App)
CBEC	Cross Border E-Commerce (Grenzüberschreitender Onlinehandel)
B2B	Business-to-Business (Geschäftsbeziehungen zwischen zwei oder mehr Unternehmen)
B2C	Business-to-Consumer (Geschäftsbeziehungen zwischen Unternehmen und Konsumenten)

Literatur

1. China Internet Network Information Center (CNNIC), The 50th Statistical Report on China's Internet Development, August 2022.
2. Payment & Clearing Association of China, 2022. China Payment Industry Annual Report 2022. China Financial Publishing House.
3. Announcement of the Results for the Three and Nine Months ended 30 September 2022 of Tencent Holdings Limited, 2022. https://www1.hkexnews.hk/search/titlesearch.xhtml. Zugegriffen: 21 März 2023.
4. Weiboyi (2022), 2022 Mainstream Social Media Platform Trend Insight Report. https://new.qq.com/rain/a/20220511A0BOB900. Zugegriffen: 22. März 2023.
5. Announcement on the Adjustment of List of Imported Commodities for Cross-border E-commerce Retail, 2022. http://www.gov.cn/zhengce/zhengceku/2022-02/21/content_5 674854.htm. Zugegriffen: 21 März 2023.

Geschäftsanbahnung/Business Development 5

> **Zusammenfassung**
>
> Viele ausländische Unternehmen haben sich im Laufe der letzten Jahrzehnte erfolgreich im chinesischen Markt etablieren können. Durchaus nicht wenige haben ihn wieder verlassen. Der chinesische Markt ist komplex und herausfordernd und die Wahl des am besten geeigneten Weges zum Markt ist ein erster Schritt zum Erfolg. Die Schlüsselfaktoren, die häufig die Entscheidung über die richtige Einführungsstrategie beeinflussen, sind regulatorische sowie der Marktzugang, das Identifizieren der Zielkunden sowie die Klärung von Fragen wie den erforderlichen Vorabinvestitionen, der Lieferkette und Logistik. Von der reinen Größe, der Entwicklung des Verbrauchermarktes sowie der Kaufkraftsteigerung und zunehmender Innovation in vielen Kernsegmenten bleibt China auf jeden Fall weiterhin ein interessanter und wichtiger Markt für Unternehmen.

5.1 Warum ist China weiterhin ein wichtiger Markt?

Die Herausforderungen für Unternehmen werden immer grösser und ebenso die Unwägbarkeiten. Auf der anderen Seite bedeutet Geschäfte zu führen und Handel zu betreiben seit jeher, sich auf ständig neue Herausforderungen einstellen zu müssen. China hat seit den 1980er Jahren eine schier unglaubliche Entwicklung genommen und zehntausende von internationalen Firmen haben den Einstieg in den chinesischen Markt gewagt. Viele sind erfolgreich, nicht wenige haben sich wieder zurückgezogen. Zur Abwägung eines Engagements in China daher einige grundsätzliche Überlegungen zu einem interessanten Zeitpunkt, nämlich der Wiederöffnung des Landes 2023 nach mehr als zwei Jahren strikter Null-Covid-Politik und einem sich global stark ändernden wirtschaftlichen und geopolitischen Umfeld.

Chinas Wirtschaftswachstum hat sich spürbar verlangsamt, insbesondere angesichts des vielfältigen wirtschaftlichen Gegenwindes im Jahr 2022. Dennoch übertrifft die Größe der chinesischen Volkswirtschaft fast alle übrigen Länder und zwar sowohl von Industrie- als auch Entwicklungsländern. Das Wachstum der chinesischen Wirtschaft ist noch dazu keineswegs abgeschlossen. Bei einer Gesamtbevölkerung von etwa 1,4 Mrd. liegt das Pro-Kopf-BIP in China 2022 etwa sechsmal niedriger als das der USA und knapp viermal niedriger als das Deutschlands. Chinas Wirtschaftstätigkeit und der Wohlstand der Haushalte haben also noch erhebliches Potenzial bevor sie sich an einem Sättigungspunkt einpendeln. Ausländische Unternehmen können es sich nicht leisten, die zweitgrößte Volkswirtschaft der Welt zu ignorieren.

China steht davor, in naher Zukunft zum größten Einzelhandelsmarkt weltweit zu werden: Chinas Kaufkraft steigt und ebenso wächst die Mittelschicht weiter an. Die Wirtschafts- und Konsumleistung war selbst während der Pandemiejahre und einer quasi weltweiten Abschottung im Personenverkehr erstaunlich stabil, wenngleich der deutliche Einbruch im zweiten Halbjahr 2022 ein klares Warnsignal darstellte. Doch die Strategie steht klar auf eine Ankurbelung der Binnennachfrage, einer Konzentration auf die Erschließung des chinesischen Binnenkonsums sowie weiterhin dem Schaffen von Voraussetzungen für mehr Auslandsinvestitionen. Der Regierung ist sehr deutlich bewusst, dass nur so die Auswirkungen des globalen Gegenwinds auf die wirtschaftliche und finanzielle Stabilität des Landes abgefedert werden können. Viele ausländische Unternehmen haben ohnehin bereits seit längerem begonnen, ihre Produkte speziell für den lokalen Gebrauch in China zu fertigen anstatt das Land als Basis für ein exportorientiertes Geschäftsmodell zu sehen. Für viele internationale Unternehmen ist China mittlerweile der wichtigste Markt, auch für das weitere Wachstum.

China weist inzwischen eine hochentwickelte Infrastruktur sowohl im Herstellungs- als auch Logistiksektor vor. Die Warenbeschaffung für Unternehmen wird dadurch spürbar erleichtert. Die Verzahnung der Infrastruktur sowie die Standortvorteile des weltweit größten Hochgeschwindigkeitsbahn- und Schnellstraßennetzes und deren Vorteile wurden zu Beginn der Pandemie am deutlichsten, als nämlich die weltweiten Lieferketten aufgrund der drastischen Maßnahmen zur Kontrolle der Infektion ernsthaft unterbrochen wurden. Dadurch kann China in der globalen Lieferkette nicht ohne weiteres und vor allem nicht kurzfristig ersetzt werden.

Zwar schrumpft die Bevölkerung im erwerbstätigen Alter. So sieht man den Pool der arbeitsfähigen Bevölkerung bereits in den letzten Jahren abnehmen (2019 ca. 789,85 Mio., 2021: ca. 780,24 Mio.).[1] Auch sind die Arbeitskosten in China deutlich gestiegen und der Trend setzt sich fort. Dennoch verdienen Arbeitskräfte vor allem im verarbeitenden Bereich immer noch deutlich weniger als vergleichbare Arbeitskräfte in den Industrieländern. Auf der anderen Seite haben sie den enormen Vorteil im Vergleich zu kostengünstigeren Schwellenländern erfahrener, effizienter und besser ausgebildet zu sein. Der chinesische Arbeitsmarkt ist dazu eher breit aufgestellt und sehr anpassungsfähig.

Chinas Ausgaben für Forschung und Entwicklung lagen 2022 bei 3.087 Mrd. CNY und entsprachen damit etwa 2,55 % seines BIP.[2] Sie liegen also weitaus höher als die anderer Länder mit einem vergleichbaren Entwicklungsstand. Das Ergebnis ist ein Wachstum von Geschäftsmodellen in Bereichen wie E-Commerce, künstlicher Intelligenz sowie Finanztechnologie, die bereits mit fortgeschrittenen Volkswirtschaften wie den USA konkurrenzfähig sind. Ein klarer und einzigartiger Vorteil Chinas ist dabei die schiere Größe der Bevölkerung, die das Internet nutzt. Laut Internet Report der SCMP nutzten 2021 täglich 856 Mio. mobiler Internetnutzer mobile Zahlungen[3]. Ein Unternehmen, das China unbeachtet lässt, verpasst den Markt und die zunehmende Innovationsdynamik des Landes.

5.2 Geschäftsanbahnung mit China in Zeiten der permanenten Veränderung und Unsicherheit

Das Auftreten der Covid19-Pandemie war ein bislang einzigartiges und tief einschneidendes Ereignis weltweit. In China kamen durch die langanhaltende komplette Abschottung im Rahmen der Null-Covid-Politik zusätzlich immense Herausforderungen auf ausländische Unternehmen zu: Internationale Reisen waren ausgesetzt, Messen waren geschlossen, regelmäßige Kontrollbesuche von ausländischen Firmen bei ihren chinesischen Niederlassungen nicht möglich, ausländische Mitarbeitern kehrten zunehmend in ihre Heimatländer zurück, die

---

[1] National Data, National Bureau of Statistics of Chin. https://data.stats.gov.cn/easyquery. htm?cn=C01. Zugegriffen: 23. März 2023.
[2] Bericht des National Bureau of Statistics of China vom 20. Januar, 2023, http://www.stats. gov.cn/xxgk/sjfb/zxfb2020/202301/t20230120_1892384.html. Zugegriffen: 23. März 2023.
[3] South China Morning Post: Internet Report 2021 https://multimedia.scmp.com/infograph ics/china-internet-2021/. Zugegriffen: 23. März 2023.

Kommunikation mit chinesischen Partnern und Zulieferern wurde mit Remote-Meetings zum neuen Standard. Viele langjährige und erfahrene Führungskräfte in China hatten vermutlich anfänglich den Impuls zu sagen, dass China sich wieder öffnen wird und dann „wie immer alles ganz schnell geht", doch die Frage war wann und verlangte schließlich enorme Geduld und Ausdauer.

Mit dem abrupten Wechsel in der Null-Covid-Politik Anfang Dezember 2022 wird der schlagartigen „Öffnung" Chinas zwar anfänglich mit Skepsis und Besorgnis begegnet, doch zum Frühlingsfest Ende Januar 2023 sind bereits wieder Millionen Menschen im Land unterwegs, um ihre Familien zu besuchen. Im Februar machen sich dann reihenweise Delegationen von Sonderwirtschaftszonen auf dem Weg nach Europa, um Investitionen nach China zu holen. Die Amerikanische Handelskammer in China fasst in ihrem Anfang März 2023 herausgegebenen Bericht zur Einschätzung des Geschäftsklimas in China zusammen, dass ihre Mitglieder China weiterhin als vorrangigen Markt einstufen. Auch die AHK China stellt im Dezember 2022 in ihrem Geschäftsklimabericht 2022/2023 unter ihren Mitgliedern fest, dass für 2023 ein vorsichtigerOptimismus zurückkehrt mit positiven Einschätzungen zu höheren Umsätzen sowie Gewinnen. Mittelfristig erwarten die meisten deutschen Unternehmen sogar ein steigendes Wachstum in ihrer Branche in den kommenden Jahren. Stehen die Zeichen Anfang 2023 für eine Erholung der Verbraucherstimmung, werden die Verbraucher im weiteren Jahresverlauf deutlich zurückhaltender. Trotz eines ansteigenden verfügbaren Einkommens gehen die Ausgaben bei wichtigen Säulen der Vermögensbildung wie Wohnimmobilien zurück. Ende 2023 sieht als bemerkenswerte Ausnahme den Dienstleistungssektor (insbesondere Reisen und Unterhaltung) mit robustem Wachstum. Die wichtige Zentrale Wirtschaftskonferenz (CEWC) im Dezember 2023 hat als Fazit, dass sich die politischen Entscheidungsträger für 2024 stärker auf das Wirtschaftswachstum fokussieren und heben erstmals nach mehr als einer Dekade ausdrücklich den wirtschaftlichen Fortschritt gegenüber der wirtschaftlichen Stabilität hervor.

> Wir erleben es häufig, dass Firmen, die in China geschäftlich tätig werden wollen, zwar ein Verständnis dafür haben, dass die Geschäftskultur in China verschieden von der eigenen ist. Doch leider merken sie erst sehr spät, wie anders sie tatsächlich sein kann. Es ist nicht immer vorrangig ein Problem des Produktes, des Marktes oder der Vertriebskanäle, wenn das Geschäft nicht wie geplant oder erhofft anläuft. Wichtig sind vor allen Dingen auch Geschäftspartner, die gegenseitig Vertrauen aufbauen und offen und konstruktiv über Probleme und Fehler sprechen und so das Geschäft von beiden Seiten

5.2 Geschäftsanbahnung mit China in Zeiten der permanenten ...

mit Überzeugung tragen. Es geht also darum, seriöse Partner in China zu finden, von der Logistik bis hin zur Durchführung von Sozialen Medien Kampagnen. Durch die Unterbrechung von Reisen und direktem Austausch während der Covid-Pandemie waren direkte Kontakte und persönliche Einschätzungen erstmals für einen sehr langen Zeitraum komplett ausgesetzt. Doch unabhängig von Unterbrechungen wie Covid kamen und kommen ständig neue Produkte in China auf den Markt, sie es über den klassischen Weg des Imports oder über das Launchen von lokalen Produkten durch Niederlassungen in China. Auch für die möglichen Partner auf der chinesischen Seite ist es zunehmend schwerer seriöse Unternehmen und Marken zu finden, die bereit sind, langfristig in China tätig zu sein. Nutzen Sie daher jede Gelegenheit zu persönlichen Gesprächen und Kennenlernen, um sich einen eigenen Eindruck von potenziellen Geschäftspartnern machen zu können und planen Sie dafür entsprechend Zeit und Geduld ein.

China war schon immer ein extrem schneller und fordernder, aber auch ein flexibler Markt. Das hat sich mit aktuellen Entwicklungen wie der Abschottung während der Corona Pandemie, den Handelsspannungen zwischen China und den USA, den weitreichenden geopolitischen Veränderungen und weiteren Ereignissen nicht geändert. Flugverbindungen werden wieder aufgenommen, Reisen geplant, Visastellen sind wieder geöffnet, doch ist jedem klar, dass es nicht zurück zu dem gewohnten „business as usual" gehen wird. Die in direkter Folge auf die Covid-Pandemie schlagartig auftretenden neuen Herausforderungen durch anhaltende Anpassungen bei den weltweiten Lieferketten, explodierende Energiekosten und massive inflationäre Einwirkungen auf die Volkswirtschaften werden ein ständiges Umdenken erfordern. Schlagwörter wie Change Management, Agile Companies, Digitalisierung (weiterhin und noch stärker) und andere werden nach den Erfahrungen der letzten Jahre noch stärker gefordert werden und dem Management vertrauter werden müssen. Die Erfahrung zeigt, dass dies in China in der Regel rascher stattfindet als außerhalb.

5.3 Grundlegendes zur Vorbereitung für die Geschäftsanbahnung in China

Im Folgenden werden wir darstellen, welche Schritte notwendig sind, um ein Geschäftsengagement in China vorzubereiten, abzuwägen und einzuleiten. Da wir in den vorigen Kapiteln gesehen haben, welche Bedeutung der Konsumentenmarkt in China für die Binnenwirtschaft hat und auch deutsche und europäische Unternehmen zunehmend in diesem Segment erfolgreich Fuß gefasst haben, wird sich der Schwerpunkt bei der Darstellung auf den Konsumgütermarkt richten.

5.3.1 Schritt 1: IP-Schutz – Markeneintragung und chinesischer Name

Der wichtigste Punkt vor jedweder Aktivität mag simpel klingen und wird doch zu oft unterschätzt, nicht beachtet oder tatsächlich vergessen: die Markeneintragung in China oder Schutzerstreckung auf China durch eine internationale Registrierung[4]. Die Schutzdauer einer eingetragenen Marke beträgt zehn Jahre, gerechnet vom Tag der Anmeldung an. Die Eintragung der Marke wird auf Antrag des Markeninhabers um jeweils zehn Jahre verlängert, sofern die Verlängerungsgebühr entrichtet worden ist. Das chinesische Markenrecht folgt einem First-to-File-System mit Berücksichtigung der Interessen der früheren Nutzer. China (einschließlich Hong Kong und Macau, exklusive Taiwan) ist Mitglied der „Pariser Verbandsübereinkunft zum Schutz des gewerblichen Eigentums (PVÜ)", wonach das Prioritätsrecht (z. B. innerhalb einer Prioritätsfrist von 6 Monaten bei Marken in jedem anderen Mitgliedstaat unter Inanspruchnahme der Priorität der Erstanmeldung) auch in China anerkannt wird. Trotz der Möglichkeit zur Inanspruchnahme des Prioritätsrechts, muss man mit einer erheblichen Komplexität von Beweisen und Unsicherheit rechnen. Daher ist es empfehlenswert, bei der Geschäftsplanung die Marken in China einzutragen, um zu verhindern, dass ein Wettbewerber zuerst Markenschutz erhält.

▶ Es gilt besonders aufzupassen und zu verstehen, dass die Marke in lateinischen Schriftzeichen nicht automatisch gegen die Verwendung

---

[4] China (exklusive Hong Kong, Macau, Taiwan) ist Mitglied des Madrider Markenabkommens und Unterzeichner des Protokolls zum Madrider Markenabkommen („Madrid System"), wonach eine internationale Registrierung von Marken mit nachträglicher Schutzerstreckung in China möglich ist.

5.3 Grundlegendes zur Vorbereitung für die Geschäftsanbahnung ...

> oder Eintragung der gleichen oder einer ähnlichen Marke in chinesischer Sprache schützt. Daher ist es wichtig, die Marke nicht nur in lateinischen Schriftzeichen, sondern auch in chinesischen Schriftzeichen einzutragen. In der Regel werden Marken mit chinesischen Schriftzeichen direkt in China über das nationale System angemeldet. Verbinden Sie also die Markenanmeldung in China, soweit für die ausländische (deutsche) Marke noch nicht geschehen, idealerweise mit der gleichzeitigen Anmeldung der chinesischen Marke bzw. Marke mit Logo. Auch wenn es zeitlich und budgetär aufwendiger ist, haben Sie damit einen enormen Startvorteil.

In der Regel dauert der Prozess der Markeneintragung und bis die Rechte des Unternehmens an geistigem Eigentum in China geschützt sind 12 bis 18 Monate. Bis zum Abschluss der Eintragung und dem Vorliegen der Urkunde, dies geschieht in China übrigens vollständig digital, empfiehlt sich sogar noch zu warten bevor man auf dem chinesischen Markt aktiv über das Produkt spricht oder es auf einer Messe vorstellt. An der praktischen Durchführung der Anmeldung hat sich in den letzten Jahren strukturell nichts wesentlich geändert. Es gibt eine Reihe von chinesischen Agenturen mit solider Reputation, die sich auf dieses Gebiet spezialisiert haben und auch die entsprechenden Verbindungen zu dem China Trademark Office haben. Empfehlenswert ist eine Beratung, wie sie auch die Autoren mit ihrer Erfahrung und dem Netzwerk in China bieten können, um eine optimale, geschäftsorientierte Lösung für den IP-Schutz zu bieten, den Prozess zu überwachen und rechtzeitig Aktualisierungen einzureichen.

阿迪达斯, 宝马, 奔驰[5] sind die chinesischen Namen von drei deutschen Topmarken. Unter ihren deutschen Namen mit lateinischen Buchstaben sind sie bei den meisten Chinesen nicht unbedingt bekannt. Ausländische Marken und ihre Produkte werden in China mit ihren chinesischen Namen besser und deutlicher wahrgenommen, behalten und akzeptiert. Eine ausländische Firma signalisiert damit auch sehr klar, dass sie den chinesischen Markt wertschätzt und dort aktiv engagiert ist. Der chinesische Name soll positive Assoziationen ausstrahlen, mit Qualität und Innovationskraft in Verbindung gebracht werden. Es ist eine herausfordernde Aufgabe, die entsprechenden chinesischen Begriffe und ihre

---

[5] 阿迪达斯 (Ādídásī) = Adidas (eine phonetische Umschreibung: 阿 (Ā) Modalpartikel + 迪 (dí) „aufklären" + 达 (dá) „erreichen" + 斯 (sī) Pronomen „dies"). 宝马 (Bǎomǎ) = BMW (宝 (bǎo) „wertvoll" + 马 (mǎ) „Pferd", das wertvolle Pferd). 奔驰 (Bēnchí) = Mercedes Benz (奔 (bēn) laufen + 驰 (chí) Galopp = galoppieren).

Schriftzeichen gilt es sorgfältig zu wählen. Und es gibt sehr viele Dinge zu beachten. So werden Zahlen, Farben und Klänge in China größtenteils mit anderen Assoziationen verknüpft. Auch sprachliche Besonderheiten im regionalen Umfeld (beispielsweise das Kantonesische in Südchina) müssen berücksichtigt werden, um keine Überraschungen zu erleben. Bei der Namensfindung gilt daher die klare Empfehlung, dafür anerkannte Agenturen oder Beratungsfirmen einzusetzen.

▶ Vergessen Sie auch nicht, dass Sie einen chinesischen Namen ohnehin „sofort" benötigen, auch wenn Sie mit einem klassischen Export-Import-Geschäftsmodell beginnen. Kommen die Produkte in China an, werden sie mit einem Importsticker gelabelt. Dieser muss die wichtigsten Angaben auf Chinesisch ausweisen einschließlich eines chinesischen Namens. Haben Sie dann keinen eigenen Vorschlag, wird Ihr Importeur einen finden müssen und die Frage ist, wieviel Zeit und Überlegung dieser darauf verwendet. Oft kommt dann lediglich eine phonetische Umschreibung zur Anwendung und die deutlich vielfältigeren Möglichkeiten der Ausdrucksfähigkeit chinesischer Schriftzeichen bleiben ungenutzt.

5.3.2 Schritt 2: Informationen zu Märkten, Marktsegmenten, Produkt- und Servicegruppen

5.3.2.1 Marktanalysen

In Kap. 1 hatten wir die Dimensionen Chinas dargestellt, um damit eine bessere Einschätzung für die Größe des Landes und des Marktes zu bekommen. Durch die teils diametralen Größenunterschiede zum nationalen Markt innerhalb Europas sowie der oft fehlenden Markenbekanntheit ist die Marktposition in China in der Regel vollkommen anders. Das bedeutet, dass eine völlig neue Markteintrittsstrategie entwickelt werden muss, die auf die jeweilige Unternehmensgröße und -kapazität abgestimmt ist. Ausländische Unternehmen sollten daher bei Marktanalysen von ihrer Seite sowie von dafür eingesetzten Agenturen oder Beratungen den Fokus auf maßgeschneiderte sowie realistisch anpassbare Marktforschungslösungen legen.

Einen Einstieg in das jeweilige Marktsegment bieten sicherlich die in China von den deutschen und europäischen Auslandshandelskammern (AHK) sowie der German Trade & Invest (GTAI) veröffentlichten Branchenberichte und -analysen. Auch bei der Open Source-Recherche werden sich Basisinformationen in englischer Sprache finden lassen. Hier seien das Hong Kong Trade Development

5.3 Grundlegendes zur Vorbereitung für die Geschäftsanbahnung ...

Council, das National Bureau of Statistics in China, die Organisation for Economic Co-operation and Development (OECD) sowie The World Bank genannt. Genauere Einblicke und detailliertere Branchenberichte finden sich meistens und inzwischen in großer Menge jedoch in chinesischen Quellen. Der chinesische Markt wird inzwischen sehr intensiv und detailliert von staatlichen Institutionen, den großen E-Commerce Plattformen sowie lokalen Marktforschungsagenturen und Beratungen untersucht. Wir empfehlen daher den Einsatz von Agenturen oder Beratungen vor Ort, da diese einen besseren Zugang zu dem jeweiligen Marktsegment haben und aktuelle Entwicklungen besser und schneller wahrnehmen.

5.3.2.2 Analyse der Wettbewerber

Unternehmen, die beginnen, über einen Einstieg in den chinesischen Markt nachzudenken, stellen sehr schnell fest, wie schwierig es ist, ihren Markt in China zu definieren oder zu verstehen, wie er dort funktioniert. Auch das Umfeld der Mitbewerber ist initial schwer einzuschätzen. So tummeln sich auf dem chinesischen Markt neben den bekannten europäischen und amerikanischen Mitbewerbern und Konkurrenzprodukten auch solche aus Japan, Korea, Südostasien oder Australien-Pazifik. Wie geht man daher am besten die wichtige Analyse der Wettbewerber an?

Die initiale Zielsetzung sollte sein, die wichtigsten direkten und indirekten Wettbewerber zu identifizieren und Einschätzungen treffen zu können, wie man sich auf dem Markt von diesen differenzieren kann. Ausländische importierte Produkte müssen in China mit einem chinesischen Importlabel sowie einem chinesischen Namen versehen sein. Auf dem Label findet sich kein Platz für Produktbeschreibungen oder Produktclaims. Gerade importierte Produkte mit keiner oder wenig Markenbekanntheit in China werden dann lediglich als ausländisch erkannt, denn chinesische Verbraucher werden schwerlich Packungsinformationen auf Deutsch, Englisch, Thai, Japanisch, Malaiisch oder Koreanisch vergleichen können (oder wollen). Dann gibt es auch die lokalen chinesischen Marken in dem jeweiligen Segment und es ist zumindest eher unwahrscheinlich, dass Produktgruppen nicht auch mit ihnen besetzt sind oder dass sie die Marktführer sind. Auch hier empfiehlt sich zwangsläufig der Einsatz von Agenturen oder Beratungen, da die Untersuchung auf Chinesisch durchgeführt werden muss.

5.3.2.3 Nutzung digitaler Verkaufskanäle

Zur besseren Einschätzung des Absatzes von Konkurrenzprodukten kann man Recherchen über die wichtigsten E-Commerce-Kanäle durchführen (lassen) und damit auch die leistungsstärksten Marken in diesen Vertriebskanälen identifizieren. Komplettiert wird die Marktübersicht durch den Besuch von einer zu definierenden Anzahl von Offline-Kanälen und einem Bericht sowie Fotos, die die Leistung sowie Preisgestaltung der Mitbewerber darstellen. Ausgehend von diesen ersten validen Informationen aus dem chinesischen Markt werden verschiedene detaillierte Fallstudien zur erfolgreichen Marktdurchdringung erstellt sowie Empfehlungen, wie sich die Marke abheben kann.

▶ Interviews mit Experten: Wir verfügen über ein Netzwerk von vertrauenswürdigen Beratern, Branchenexperten und Partnern, die zur Analyse von Geschäftsmodellen, Marktchancen sowie der möglichen kommerziellen Ausrichtung hinzugezogen werden können. Die Erkenntnisse dieser Branchenexperten helfen Unternehmen zu verstehen, wie ihr Produkt in China wahrgenommen wird. Ein hilfreiches Instrument, um Geschäftsmöglichkeiten besser einschätzen und planen zu können. Mit Experten bezeichnen wir Personen, die seit 10 bis 15 Jahren in der jeweiligen Branche tätig sind. Wir analysieren dabei vorab den Bedarf der Unternehmen, stellen dann potenzielle Expertenprofile zur Verfügung und entwickeln einen Fragebogen, der auf das Geschäftsszenario des Unternehmens abgestimmt ist. Mit diesem werden dann Einzelinterviews durchgeführt und die Ergebnisse zusammengestellt.

5.3.3 Schritt 3: Zulassungsthemen

Die häufigste Form des Einstiegs in den chinesischen Markt wird bei Konsumgütern der Export nach China sein. Speziell die dann importierten Lebensmittel, Kosmetika und einige weitere Gruppen müssen den nationalen Normen Chinas entsprechen, die sich oft erheblich von den westlichen unterscheiden. So kann ein Lebensmittel zum Beispiel mehr als 10 Inhaltsstoffe und Zutaten enthalten, und je nach Anteil und Spezifikation der Zutaten fällt das Produkt in eine bestimmte Lebensmittelkategorie. Im Ursprungsland wird das Produkt dabei als Schokolade mit Keksstückchen kategorisiert und damit als „Schokolade" bezeichnet. In China kann dieses Produkt nach Prüfung und Analyse durch die Behörden jedoch unter die Kategorie Keks fallen und muss dann zwangsläufig als „Keks" bezeichnet werden. Weitere Hürden können sein, dass einige Inhaltsstoffe in der gewählten Kategorie nicht zulässig sind, oder dass bestimmte Wörter oder Formulierungen, Auslobungen etc. auf der Verpackung nach den chinesischen Werbegesetzen nicht

5.3 Grundlegendes zur Vorbereitung für die Geschäftsanbahnung ...

erlaubt sind. Eine falsche Etikettierung kann beim Zoll zu ernsthaften, irreparablen Schäden führen. Selbst wenn die Sendung vom Zoll abgefertigt wird, könnte jemand, dem das nicht konforme Etikett in Zukunft auffällt, Klage erheben und eine Entschädigung verlangen.

Auch hier ist die empfohlene Vorgehensweise, mit lokalen Agenturen oder sogar in Zusammenarbeit mit dem chinesischen Partner bei einem reinen Export–Import-Geschäft vor der Markteinführung Recherchen durch Analyse der Produktbestandteile durchzuführen sowie die Auswahl einer geeigneten nationalen (chinesischen) Norm zu finden. Spezialisierte Agenturen werden dabei auch auf erforderliche Änderungen an der Produktzusammensetzung hinweisen sowie Vorschläge machen. Selbst die Verpackung muss überprüft und mögliche Abweichungen von chinesischen Werbegesetzen analysiert werden. Beim Import werden die Produkte mit einem chinesischen Importlabel versehen, es muss also auch der Entwurf eines China-konformen Labels dafür vorliegen. Die Autoren arbeiten mit Chinas führendem Beratungsunternehmen für Regulierungsfragen zusammen und können Sie auch bei der Zertifizierung von Bio-Lebensmitteln, dem Erhalt von Einfuhrgenehmigungen für neue Lebensmittelzutaten usw. beraten.

▶ Die Schritte 1 bis 3 machen es sehr deutlich. Sowohl für die Recherche zu Marktdaten, Wettbewerbern und deren Produkten bis zur korrekten Klassifizierung von Produkten für den Zoll sind landeskundliche und Chinesisch Kenntnisse im Grunde unerlässlich. Die klare Empfehlung ist hier also renommierte und erfahrene Agenturen und Beratungen einzusetzen. Die Autoren haben alle Schritte in ihrem beruflichen sowie beratenden Einsatz selbst durchgeführt und wertvolle Erfahrungen gemacht.

5.3.4 Schritt 4: Firmenstruktur – Multinational – Lokal – Export

Sind die detaillierten Untersuchungen zu Markt und Wettbewerbsumfeld abgeschlossen, sollte anhand der Ergebnisse genauer überlegt werden, welche Struktur für den Aufbau des Chinageschäftes am sinnvollsten sein kann. Da die unterschiedlichen Möglichkeiten in Hinblick auf das Investmentbudget sehr starke Auswirkung haben können, macht eine grundsätzliche Überlegung an dieser Stelle durchaus Sinn.

Für den Einstieg in den chinesischen Markt wird der Export per Handelsvertretung, also mit einem chinesischen Distributor (Vertriebspartner) die ökonomischste Lösung sein. Erweitert werden kann sie durch die Steuerung über einen Country Manager, der jedoch, wenn er vor Ort in China dauerhaft im Einsatz sein soll, von dem Vertriebspartner eingestellt werden müsste. Auch die Gründung einer eigenen Landesgesellschaft stellt eine Option dar. Über sie können Distributorfunktionen sowie der Import und die Lagerhaltung operativ geführt werden.

5.3.5 Schritt 5: Produktportfolio

Nach den ersten Schritten sollten ein klareres Bild sowie eine bessere Einschätzung der Marktsituation sowie des Wettbewerbsumfeldes vorliegen. Das erleichtert die Diskussion und Entscheidung über den nächsten wichtigen Schritt: der Definition des Produktportfolios. Die Kriterien, die zur Bestimmung des Produktportfolios relevant sind, mögen sich von Kategorie zu Kategorie zum Teil deutlich unterscheiden. Für den Entscheidungsprozess kann es hilfreich sein, folgende Punkte in Hinblick auf den chinesischen Markt genauer zu diskutieren und zu definieren:

- Wie soll das strategische Produktportfolio zusammengesetzt sein?
- Welche Kanäle erfordern Anpassungen an Packungsgrößen und wie werden die verschiedenen Kanäle gewichtet?
- Welche führenden Produkte eignen sich für den chinesischen Markt?
- Wie soll das Produktportfolio inhaltlich ausgebaut werden und in welchem Zeitraum?
- Wie schnell können notwendige Anpassungen an Zutaten und Inhaltsstoffen durchgeführt werden? Welche Produktalternativen gibt es?
- Wie wird die Markenführung über das gesamte Produktportfolio gestaltet?

5.3.6 Verbraucherwünsche/Verbraucheranforderungen

Bei chinesischen Verbrauchern gibt es Tendenzen und Präferenzen sowohl bei ausländischen als auch lokalen Produkten. Lange Zeit waren beispielsweise ausländische Marken im Bereich Säuglingsnahrung klar präferiert, da der lokale Markt und lokale Marken beständig in Lebensmittelskandale verwickelt waren und kein Vertrauen bei Verbrauchern aufbauen konnten. Hier waren also Qualität

5.3 Grundlegendes zur Vorbereitung für die Geschäftsanbahnung ...

und Herkunft ein entscheidendes Kriterium. Deutlich ist auch die scheinbar ungebrochene Präferenz chinesischer Verbraucher für internationale Luxusmarken.[6]

5.3.6.1 Unique Selling Proposition (USP) – Positionierung und Differenzierung

Hier sollte die Markt- und Wettbewerberanalyse entscheidende Hinweise geben, da für ausländische Unternehmen der Blick meist auf europäische und amerikanische Wettbewerber gerichtet ist. Die Erweiterung des Marktes um asiatische Marken kann zu neuen und differenzierteren Einschätzungen führen sowie möglicherweise zu einer Neudefinition des USP für den chinesischen Markt.

5.3.6.2 Größe und Verpackung

Die Verpackung ist ein wesentlicher Faktor im chinesischen Markt. Auch hier sollten die Ergebnisse der Markt- und Wettbewerberanalyse ein klares Bild schaffen können. Für viele ausländische, vor allem westliche Unternehmen, sind die Verpackungsgestaltungen in China, was Farben, Fonts und Logos angeht faszinierend bis verwirrend. Chinesische Verbraucher wollen alle möglichen Informationen über das Produkt und lieben Abwechslung. Gerade bei neuen und unbekannten Produkten ist die Verpackungsgestaltung zum Teil eine große Herausforderung, auch in Hinblick auf das Corporate Design.

Chinesische Verbraucher kaufen häufiger, in kleineren Mengen und zunehmend Online ein. Standardgrößen wie die etablierte Schokoladentafel mit 100 g sind zum Beispiel für chinesische Verbraucher für den Eigenverbrauch zu groß und werden dann eher mit anderen geteilt. Es empfiehlt sich also, die Packungsgrößen von Wettbewerberprodukten hier genauer anzusehen, um zu verstehen, weshalb bestimmte Verpackungsgrößen und -formen verwendet werden und wie sie sich verkaufen. Auch die Art der Handelsform bestimmt entscheidend die Packungsgröße. So lassen sich in der für China speziellen Einzelhandelskategorie der Convenience Stores, die neben den täglichen Bedarfsartikeln auch Getränke und Snacks anbieten, deutlich besser kleine Packungsgrößen anbieten.

5.3.6.3 Haltbarkeitsdauer

Die Covid-Pandemie hatte bereits drastische Einwirkungen auf die Lieferketten, aktuell kommen durch die Rohstoffengpässe weitere Herausforderungen dazu. Hier geht es mehr um den logistischen Punkt und die Lieferkettenplanung.

---

[6] In Kap. 4 finden sich ergänzende Informationen, wie chinesische Verbraucher nach Marken und Produkten suchen und sich über sie informieren.

Zusätzlich können klimatische Unterschiede (Beijing liegt auf dem gleichen Längengrad wie Madrid, Shanghai wie Kairo und Guangzhou wie Al-Kufra) durch die kontinentalen Ausdehnungen Chinas Anpassungen an Produkten notwendig machen.

5.3.6.4 Inhaltsstoffe

Hier seien exemplarisch genannt eine Verschärfung der Regeln für den Import von Lebensmitteln seit Anfang 2021, die vorsieht, dass alle Bereiche – von der Herstellung über die Verarbeitung bis zur Lagerung von Lebensmitteln im Ausland – registriert werden müssen. Es gibt also regulatorische Änderungen, die bei den Herstellern teils massiven Zusatzaufwand erfordern können. Der chinesische Markt verlangt von Unternehmen immer wieder die Bereitschaft, sich auf Änderungen einstellen zu müssen. Die Gründe sind dabei vielfältig. Sie reichen von dem deutlich gestiegenen Sicherheitsbewusstsein, dies speziell bei Lebensmitteln, bis hin zu Reaktionen auf die andauernden Handelsspannungen zwischen den USA und China.

5.3.6.5 Integration der Marke in die gesamte Produktpalette

Gerade im Lebensmittelbereich wird es häufiger zu einer Entscheidung für eine erste Produktpalette und nicht für ein einzelnes Produkt kommen. Hier tauchen Fragen und Überlegungen auf, wo und wie diese platziert werden kann und vor allen Dingen, wie die Marke in die gesamte Produktpalette integriert werden kann.

5.3.7 Schritt 6: Vertriebsstrategie 1 – Vertriebskanäle

5.3.7.1 Wo erreiche ich in China den Verbraucher (meinen Kunden)?

Die Handelsstruktur in China ist weiterhin im Aufbau begriffen. So ist der Bereich des Traditionellen Handels zur Hauptsache in ländlichen Gebieten mit Hunderttausenden (wenn nicht sogar Millionen) von Klein- und Kleinsthändlern weiterhin ein wichtiger Vertriebskanal und das trotz rasant voran schreitendem Onlinehandel.

Der Moderne Handel, also der strukturierte Massenvertrieb im städtischen Umfeld mit Einkaufszentren und Einzelhandelsläden, wird in China von großen asiatischen Konzernen dominiert, wobei chinesische Vertriebsunternehmen den größten Marktanteil haben. Im stationären Handel finden sich in China folgende Einzelhandelskategorien:

5.3 Grundlegendes zur Vorbereitung für die Geschäftsanbahnung ...

- Hyper Markets (SB Warenhäuser) und Supermärkte finden sich in den Tier 1 und Tier 2 Städten und verfügen über Lebensmittel sowie Nonfood Produkte (z. B. Lianhua Supermarket Holdings, Wu-Mart, Wal-Mart).
- Spezialisierte Hyper Markets und Supermärkte bieten selektierte Produktkategorien an wie Drogerieartikel, Einrichtungsgegenstände oder Elektronikartikel. Sie finden sich meist in näherer Umgebung von Wohngebieten (z. B. Guo Mei, Homejia, IKEA).
- Department Stores (Kaufhäuser) bieten eine Vielzahl von verschiedenen Fachsortimenten und sind ebenfalls überwiegend in den großen Tier 1 und Tier 2 Städten zu finden (z. B. Wing On, Parkson).
- Groß dimensionierte Shopping Malls (Einkaufszentren) sind an der Stadtperipherie angesiedelt (z. B. Citic Plaza, Grand Gateway, New Century Global Center)
- Convenience Stores (Nachbarschaftsläden) sind eine spezielle Einzelhandelskategorie in China und stellen mit über 250.000 Läden die am weitesten verbreitete Gruppe stationärer Geschäft (z. B. 7 Eleven, Family Mart, Lawson)
- „New Retail" (Neuer Einzelhandel): Das vom Alibaba-Gründer Jack Ma definierte neue Einzelhandelssegment, eine verbraucherzentrierte, datengesteuerte Form des Einzelhandels, die den klassischen Einzelhandel mit digitalen Entwicklungen verbindet („Offline meets Online"): hier sind neue Formen zu finden, wie die Freshippo (Hema Xiansheng盒马鲜生)-Märkte von Alibaba (ein Konzept, das einen Supermarkt mit einer App, einem Restaurant und einem Lieferservice kombiniert). Auch die deutsche Aldi-Gruppe besetzt dieses Segment, zum Start 2017 als Onlinemarkt, seit 2019 mit einer zunehmenden Zahl von Offline-Geschäften, wobei Lieferservice auch für die Kunden angeboten wird, die in den stationären Filialen einkaufen.

Der Onlinehandel ist in China von enormer Bedeutung und kann als chinesische Erfolgsstory bezeichnet werden. Sein Anteil am gesamten Einzelhandel in China lag 2021 bei 45 % und stellt damit weltweit die Spitzenposition dar (mehr als die Hälfte des weltweiten Online-Einzelhandelumsatzes wird damit in China generiert).

5.3.7.2 Welche Vertriebskanäle: Online oder Offline?

Die Frage, ob für China „O2O" im Sinne von Online to Offline oder Offline to Online bedeutender ist, relativiert sich zusehends. Denn das Gesamtwachstum des chinesischen Internets verlangsamt sich, im Onlinehandel spiegelt sich dies in einem langsameren Anstieg des Bruttowarenwertes (GMV) wider. Auf der anderen Seite investieren die chinesischen Internetriesen selbst massiv in den stationären Handel, der in den vergangenen Jahren ebenfalls wieder deutliches Wachstum zeigt. Es scheint also in eine neue Phase des „Miteinander" statt „Nebeneinander" der verschiedenen Handelsformen zu gehen.

Die Entscheidung, welche Vertriebskanäle für ein Unternehmen und seine Produkte in China sinnvoll und kalkulierbar sind, lässt sich nur fallbezogen treffen. Die klassischen Einzelhandelskanäle sind eher fragmentiert und idealerweise in einem Mix anzugehen, erfordern Verhandlungen und Listungsgelder sowie Budgets für Promotion und Werbung. Die Abdeckung über die großen Städte in den oberen Tiern bietet einen entsprechenden Zugang für klassische Laufkundschaft, ein haptisches Erfahren der Produkte ist möglich, bei Lebensmitteln lassen sich Verkostungen durchführen. Eine reine Ausrichtung auf Onlineverkäufe mittels CBEC (in Kap. 4 haben wir dazu die Besonderheiten dargestellt) lässt sich zeitlich schneller realisieren, gibt Anhaltspunkte zur Produktakzeptanz im chinesischen Markt und erübrigt die klassischen Handelsstufen und die damit einhergehenden Margen, hat jedoch klare Restriktionen hinsichtlich des Bestellvolumens pro Kunde. Der wohl pragmatischste Weg, der sich bietet, ist ein intensiver Austausch mit potenziellen Distributoren sowie erfahrenen Experten vor Ort.

5.3.8 Schritt 7: Vertriebsstrategie 2 – Wie gewinne ich Vertriebspartner

5.3.8.1 Die Vertriebsstruktur

Mit Kenntnis der Einzelhandelskanäle in China muss im Folgeschritt geklärt werden, welche Vertriebspartner und welche Struktur in Frage kommen[7]. Ein reines Exportgeschäft erfordert auf der chinesischen Seite Partner, die in der Lage sind den Import, das Lagerhalten und den Verkauf an den Einzelhandel zu leisten. Die Bereiche Marketing und Werbung sowie Promotion im Handel lassen sich integrieren, können jedoch auch von der Exportabteilung oder einer vergleichbaren Abteilung in Abstimmung mit dem Vertriebspartner gesteuert werden (wobei dies durch die Entfernung Chinas sehr aufwendig ist). Will das Unternehmen stärker in China präsent sein und direkter steuern, bietet sich die Gründung einer Landesgesellschaft an, die vom Geschäftsumfang die Bereiche Import und Handel abdecken kann und ebenfalls als Distributor fungiert. Wie diese Struktur dann aussieht, haben wir in Abb. 5.1 dargestellt.

---

[7] Zu den Vertriebskanälen im E-Commerce gehen wir spezieller und ausführlicher in Kap. 4 – Cross Border E-Commere (CBEC) – ein.

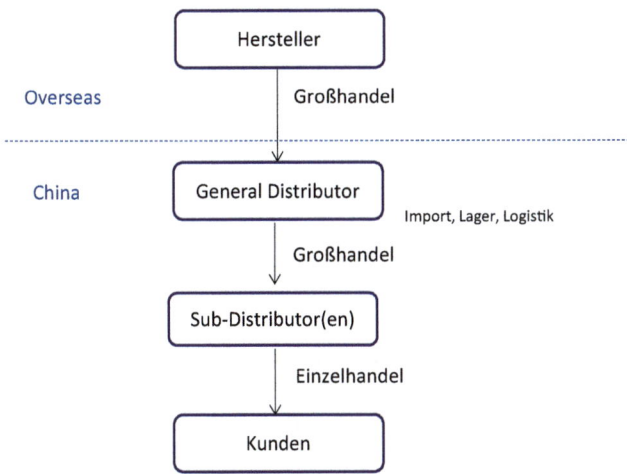

Abb. 5.1 Klassische Vertriebsstruktur

5.3.8.2 Das Finden geeigneter Vertriebspartner

Um einen vertrauenswürdigen Geschäftspartner in China zu finden, ist auch ein Netzwerk des Vertrauens notwendig. Es macht durchaus Sinn, hier im erweiterten Kreis zu überlegen. Bestehende Geschäftsbeziehungen mit anderen Ländern können Empfehlungen geben oder erste Kontakte herstellen. Messen sind eine weitere Möglichkeit, um Kontakte gleich persönlich kennenzulernen und eine Einschätzung zu erhalten. Doch wird es für deutsche Unternehmen nicht einfach sein, Unterlagen und Firmenbeschreibungen zu analysieren und bewerten, um potentielle chinesische Partner qualitativ einschätzen zu können. Die Aufbereitung von Unterlagen, Inhalten und Zielsetzungen sind häufig sehr unterschiedlich zwischen den beiden Kulturkreisen. Zusätzliche Hürden sind unterschiedliche Kommunikationsplattformen. Chinesische Unternehmen setzen wenig auf klassische Internetauftritte sondern sind aktiver auf lokalen sozialen Plattformen. Umgekehrt gilt dies jedoch auch für chinesische Interessenten, die ähnliche Schwierigkeiten haben, ausländische Unternehmen einzuschätzen und häufig mit einer riesigen Auswahl an Firmen- und Produktprospekten mit unterschiedlichen Inhalten, Schwerpunkten und Layouts konfrontiert sind.

Für ein strukturierteres Vorgehen empfiehlt sich die Möglichkeit, ein sogenanntes Unternehmensprofil zu erstellen. Dieses Profil entspricht im Wesentlichen einer Webseite von westlichen Unternehmen. Es sollte sich im Umfang beschränken (25 bis 30 Seiten) und die wichtigsten Informationen über das Unternehmen beinhalten. Wichtig ist eine professionelle Aufbereitung in Hinblick auf Inhalt und Storytelling, die Fertigstellung durch einen Designer und die anschließende Übersetzung ins Chinesische. Dieses Profil kann mit potenziellen Geschäftspartnern geteilt werden, idealerweise sogar über WeChat. Es ist deutlich individueller und wertiger für potentielle Partner als traditionelle Firmenbroschüren. Wir empfehlen nicht nur für die Erstellung eines solchen Profils sondern auch für eine professionelle Suche das Beauftragen eine erfahrene Agentur oder Beratung. Diese kann auch die zeitaufwändigen Aufgaben der Sichtung und Vorauswahl von Rückmeldungen sowie Fragen interessierter chinesischer Unternehmen aufbereiten.

5.3.8.3 Essentielle Punkte in der Zusammenarbeit mit dem Vertriebspartner

Haben sich Kontakte zu potentiellen Partnerfirmen ergeben, unabhängig von einer unternehmenseigenen Suche oder der Beauftragung einer Beratung, empfehlen wir in den Auswahlgesprächen mit möglichen chinesischen Partnerfirmen die für die Zusammenarbeit essentiellen Punkte klar zu formulieren und zu besprechen. Hier bietet sich die beste Möglichkeit die durch die eigenen Recherchen und Analysen erstellte Geschäftsplanung, Einschätzungen und Szenarien auf den Prüfstand zu legen. Dazu sollten vor allem die Bereiche Produkt, Preisgestaltung, Vertriebskanäle, Marketingunterstützung (A&P), regionale Fokussierung und Verbraucherpräferenzen gehören.

- Produkt: wie versteht der potentielle Partner Ihr Produkt und wie schätzt er die Akzeptanz beim Verbraucher ein? Welche Möglichkeiten sieht er, das Produkt zu testen?
- Preis: Welche Handelsstufen deckt der potentielle Partner ab und wie hoch sind die Spannen, die dafür einkalkuliert werden müssen?
- Vertriebskanäle: Welche Kanäle kann der potentielle Partner erreichen und wie passend sind sie für das Produkt?
- Marketingunterstützung (A&P): Was benötigt der Partner aus Sicht des chinesischen Marktes und welche Maßnahmen sind sinnvoll?
- Regionaler Fokus: China ist riesig. Welche Regionen kann der Partner abdecken? Welche regionalen Schwerpunkte empfiehlt er und warum? Welcher stufenweise geografische Ausbau ist sinnvoll?
- Alleinvertretung: sehr häufig verlangen potentielle Partner vom ausländischen Unternehmen die Alleinvertretung. Seien Sie auf diese Frage vorbereitet.

5.3.9 Schritt 8: Regionaler Fokus

China hat kontinentale Ausmaße und ein Produktlaunch landesweit ist in vielen Fällen aus budgetären Gründen und durch begrenzte Ressourcen nicht möglich. Der Auf- und Ausbau von Vertrieb und Verkauf ist meist an Regionen oder das klassische Tier-System von Städten gekoppelt. Hat sich die Suche nach Vertriebspartnern erfolgreich gezeigt, ist dies der Zeitpunkt, den regionalen Fokus definieren zu können.

5.3.10 Schritt 9: Werbung

Der chinesische Werbemarkt ist der zweitgrößte weltweit. Er liegt noch signifikant hinter dem amerikanischen, ist jedoch doppelt so groß wie der japanische und fast dreimal so groß wie der deutsche Werbemarkt. Der Anteil der digitalen Werbung macht in China bereits zwei Drittel des Gesamtwerbemarktes aus und ist damit weltweit ein Vorreiter. Beim Medienkonsum liegt das Internet mit etwa 3,5 Std. täglich an der Spitze gefolgt von TV mit etwa 2 Std. täglich (was jedoch niedriger ist als in den meisten anderen Ländern). Auf Nahrungsmittel und Getränke entfallen die höchsten Werbeausgaben. Interessant sind die in Relation zur Größe des Automarktes geringen Werbeausgaben für Automobile. Traditionelle Werbung ist in China sehr teuer, digitale Werbung deutlich günstiger. Der TV Markt ist so riesig, dass regionale TV Werbung zwar effizient, aber dennoch enorm teuer ist. Mit TV Kampagnen einen Produktlaunch zu begleiten ist für die meisten ausländischen Firmen daher eine extrem kostspielige Option.

▶ Wie finde ich zuverlässige Agenturen und Berater? Die erste Anlaufstelle wird im überwiegenden Fall die AHK China, sprich die Auslandshandelskammer China, sein. Die Auslandshandelskammern sind die offiziellen Vertretungen der deutschen Wirtschaft im Ausland. Daneben gibt es als Anlaufstelle die Gesellschaft der Bundesrepublik Deutschland für Außenwirtschaft und Standortmarketing: German Trade & Invest (GTAI). Für spezialisierte Themen, sei es Marktforschung, Namensfindung im Chinesischen, Firmengründung, Marketing und Vertrieb sowie E-Commerce empfiehlt sich bei Bedarf der Zugriff auf Agenturen, Kanzleien und Beratungen.

Glossar der verwendeten Abkürzungen

IP Intellectual Property (Geistiges Eigentum, wie Patente, Gebrauchsmuster, Marken, Designs u. a.)

Literatur

1. National Data, National Bureau of Statistics of China,.https://data.stats.gov.cn/easyquery.htm?cn=C01. Zugegriffen: 23. März 2023.
2. Bericht des National Bureau of Statistics of China vom 20. Januar, 2023, http://www.stats.gov.cn/xxgk/sjfb/zxfb2020/202301/t20230120_1892384.html. Zugegriffen: 23. März 2023.
3. South China Morning Post: Internet Report 2021 https://multimedia.scmp.com/infographics/china-internet-2021/. Zugegriffen: 23. März 2023.

Geschäftsaufbau ohne eigene Niederlassung in China

6

> **Zusammenfassung**
>
> Die Pandemie hatte weltweit zu einer drastischen Abschottung von regionalen Gebieten geführt. Doch gerade in solchen Jahren der Abschottung sowie auch zuvor haben Unternehmen, für die China ein interessanter oder wichtiger Markt ist, Mittel und Wege gefunden, ihr Geschäft nach China zu bringen, zu halten und auszubauen. So wurden unabhängig von der Entwicklung der vergangenen beiden Jahre schon seit längerem Produkte und Leistungen auch ohne Präsenz vor Ort in China von den jeweiligen Firmen eingeführt. In diesem Kapitel findet man unsere praktischen Anmerkungen, insbesondere aus rechtlicher und steuerlicher Perspektive, wie man das Geschäft ohne eine lokale Niederlassung reibungslos realisieren kann.

6.1 Rechtliche Hinweise zur Klärung der Machbarkeit

6.1.1 Überprüfung und laufende Beobachtung von Geschäftspartnern

Transparente Geschäftsbeziehungen sind die Voraussetzung für ein gewinnbringendes beidseitiges Geschäft. Ein wichtiges Instrument dabei ist die Überprüfung sowie die laufende Beobachtung von Geschäftspartnern. Damit kann ein höheres Maß an Transparenz hinsichtlich potenzieller Haftungs- und Betrugsrisiken geschaffen werden. Eine Überprüfung des Geschäftspartners kann sich dabei auf jeden Partner des Unternehmens beziehen wie beispielsweise Lieferanten, Vertriebspartner oder Agenturen und Dienstleister. Die Geschäftspartnerprüfung sollte dabei je nach individuellen Bedürfnissen und passend zum jeweiligen Risikoszenario entwickelt werden. Auch für ein Ein-Mann-Unternehmen werden hier einige Gedanken und Vorgehensweisen unter Berücksichtigung eines praktikablen Prozess- und Ressourcenaufwands beschrieben.

6.1.1.1 Sammlung der wichtigsten Informationen über (potenzielle) Geschäftspartner

Vor dem Aufbau einer Geschäftsbeziehung ist mindestens ein „Geschäftspartner-Formular" (vergleichbar einer Selbstauskunft) des potenziellen Geschäftspartners einzuholen. Die abgefragten Informationen umfassen zum Beispiel detaillierte Informationen über die Kontaktdaten, Sozialkreditnummer, Steuernummer, Bankkonto und weitere Kerninformationen. Die Geschäftslizenz eines chinesischen Geschäftspartners sollte auf jeden Fall in einer solchen Selbstauskunft enthalten sein. Das Formular mit der Geschäftslizenz ist mit dem roten und runden Firmensiegel zu versehen. Anders als in Deutschland darf eine chinesische Firma nur ein Firmensiegel besitzen, das bei der Polizeibehörde des registrierten Firmensitzes eingetragen werden muss. Seit dem 1. März 2023 können die in Shanghai eingetragenen Gesellschaften ihre eigene Bonitätsauskunft bei Credit China (Shanghai)[1] ohne Gebühr online beantragen und einholen. Für Geschäftspartner aus Shanghai kann man auf diese Bonitätsauskunft ebenfalls anfordern.

> ▶ Wichtig! Die Eröffnung eines Bankkontos in China unterliegt einer strengen Überwachung. Sämtliche Überweisungen müssen zwingend über das inländische Bankkonto des chinesischen Geschäftspartners abgewickelt werden soweit nicht anders gesetzlich vorgeschrieben. Ein privates Bankkonto oder ein Auslandkonto sollte abgelehnt werden. Besondere Aufmerksamkeit gilt hier dem Non-Resident-Account (NRA) sowie dem Offshore-Account (OSA), die zwar bei einer inländischen Bank eröffnet werden, aber von einer ausländischen Firma gehalten werden. Der Kontoinhaber eines NRA oder OSA bei einer inländischen Bank ist auf keinen Fall eine inländische chinesische Firma, auch wenn ein ähnlicher oder gleicher Geschäftsname angegeben wird. Zur Vermeidung von Ordnungswidrigkeiten bzw. Betrug soll man daher besondere Aufmerksamkeit auf das Bankkonto des Geschäftspartners richten.

---

[1] Siehe: Das „Social Credit System" (社会信用体系) und seine Bedeutung für in China tätige Unternehmen in Abschn.. 2.7.

6.1.1.2 Verifizierung der gesammelten Informationen

Im nächsten Schritt geht es an die Verifizierung der gesammelten Informationen über den potenziellen Geschäftspartner:

- Prüfen Sie zunächst mithilfe Ihrer firmeninternen Kontaktpersonen für China im Rahmen eines Abgleichs der öffentlich zugänglichen Informationen (z. B. der Firmenwebseite), ob die Angaben des chinesischen Geschäftspartners korrekt sind.
- Lassen Sie die Angaben über die offiziellen Datenbanken[2] validieren. Mit dem Gesellschaftsnamen oder der Sozialkreditnummer kann beispielsweise der Rechtsstatus einer chinesischen Firma leicht und unentgeltlich aus der Datenbank der Registerbehörde (National Enterprise Credit Information Publicity System) entnommen werden.
- Zudem kann man beim Abonnieren anhand des Online-Tools externer Datenbankanbieter einen umfangreichen Zugang zu Unternehmensinformationen, Gerichtsurteilen, verbundenen Unternehmen, Gerichtsverfahren, Informationen über Zahlungsausfälle, Informationen über geistiges Eigentum usw. einholen.
- Wenn die obengenannte interne und Online Prüfung des Geschäftspartners vom Ausland aus wegen beispielsweiser technischer Probleme (die sogenannte chinesische „Firewall" oder Einschränkung grenzüberschreitender Datenübermittlung) nicht möglich ist oder wenn Sie eine eingehendere Überprüfung des Geschäftspartners vornehmen möchten, kann ein örtlicher externer Berater eingeschaltet werden.

Bei der Geschäftspartnerprüfung ist zu betonen, dass die Geschäftsgeheimnisse und die persönlichen Daten geschützt werden müssen. Auch aus diesem Grund sind die Finanzdaten grundsätzlich nicht der Öffentlichkeit zugänglich.

6.1.1.3 Laufende Beobachtung der Geschäftspartner

Halten Sie die Informationen über ihren chinesischen Geschäftspartner so aktuell wie möglich. Wichtige Geschäftspartner sollten laufend beobachtet werden. Eine regelmäßige – beispielsweise jährliche – Prüfung weist dann nämlich zeitnah mögliche Schwächen auf, bringt mehr Transparenz und hilft potenzielle Risiken auszuschalten.

---

[2] Siehe: Das „Social Credit System" (社会信用体系) und seine Bedeutung für in China tätige Unternehmen in Abschn. 2.7.

6.1.2 Vertragsgestaltung nach chinesischem Recht

6.1.2.1 Formfreiheit und Schriftform

Zum Vertragsabschluss sind zwei übereinstimmende, gegenseitige Willenserklärungen der Parteien erforderlich. Nach chinesischem Recht können die Parteien einen Vertrag schriftlich, mündlich oder in anderer Form abschließen. Für viele Verträge (z. B. Kaufvertrag) besteht für deren Gültigkeit Formfreiheit. Manche Vertragsarten (z. B. Vertrag über Technologieentwicklung, Übertragung von Technologien sowie deren Lizenzen) sind dagegen an bestimmte Formerfordernisse, beispielsweise Schriftform, gebunden. Weil eindeutige Vertragsinhalte die Voraussetzung für eine reibungslose Geschäftsabwicklung bilden, schlagen wir vor, generell einen schriftlichen Vertrag zu schließen.

Das Erfordernis der Schriftform im chinesischen Vertragsrecht kann leicht erfüllt werden. Schriftform bedeutet eine Form, bei der der Inhalt einen sichtbaren Ausdruck finden kann, wie Vertragsurkunden, Briefe, Telegramme, Fernschreiben, Faxe oder elektronische Datenschriftstücke (dazu gehören elektronischer Datenaustausch und E-Mails) und die jederzeit zur Einsichtnahme und Verwendung zugänglich sind.

6.1.2.2 Zustandekommen eines schriftlichen Vertrages

Schließen die Parteien einen Vertrag in Form einer schriftlichen Vereinbarung, so kommt der Vertrag zu dem Zeitpunkt zustande, zu dem alle Parteien die Urkunde unterzeichnen, abstempeln oder ihre Fingerabdrücke daraufsetzen. Hat eine der Parteien vor der Unterzeichnung, dem Abstempeln oder dem Abdruck ihrer Fingerabdrücke die Hauptleistung erbracht und hat die andere Partei diese Leistung angenommen, so kommt der Vertrag zum Zeitpunkt der Annahme zustande. Wenn die Schriftform gesetzlich oder vertraglich erforderlich ist, aber nicht eingehalten wird, kommt der Vertrag erst zum Zeitpunkt der Annahme zustande, wenn eine der Parteien die Hauptleistung erbracht und die andere Partei diese Leistung angenommen hat.

6.1.2.3 Bestandteile eines Vertrages

Die Vertragsparteien haben einen großen Spielraum bei der Vertragsverhandlung und -gestaltung. Ein Vertrag umfasst grundsätzlich folgende Bestandteile:

- Name und Sitz jeder Partei,
- Vertragsgegenstand,
- Menge,
- Qualität,

- Preis oder Vergütung,
- Erfüllungsfrist, -ort und -art,
- Haftung bei Vertragsbruch,
- Streitbeilegung.

In einem internationalen Vertrag sind zusätzlich das anwendbare Recht sowie die vorrangige Vertragssprache vereinbart. Etwaige mangelnde Vertragsbestandteile werden im Allgemeinen die Vertragsgültigkeit nicht berühren, soweit die Vertragslücke durch ergänzende Vertragsauslegung oder von den gesetzlichen Vorschriften ausgefüllt werden kann.

6.1.2.4 Allgemeine Geschäftsbedingungen (AGB)

Unter AGB sind nach dem chinesischen Vertragsrecht die vertraglichen Klauseln zu verstehen, die von einer Vertragspartei einseitig zur wiederholten Verwendung und ohne Verhandlungen mit der anderen Vertragspartei im Voraus gestellt werden.

Weil die AGB von einer Vertragspartei einseitig gestellt werden, bedarf die Anwendbarkeit der AGB zur Vermeidung von Missbrauch besonderer Kontrollen:

- Individualabreden haben Vorrang vor AGB.
- Zweifel bei der Auslegung gehen zu Lasten des Verwenders.
- Neben den allgemeinen gesetzlichen Vorschriften für die Nichtigkeit einer Vertragsklausel sind AGB ferner nichtig, wenn der Verwender in unzumutbarer Weise seine Haftung einschränkt bzw. ausschließt, der anderen Partei eine erschwerte Haftung auferlegt oder die wesentlichen Rechte der anderen Partei einschränkt bzw. sie ausschließt.
- Der Verwender muss die andere Partei in zumutbarer Weise auf die Klauseln hinweisen, die die wesentlichen Interessen der anderen Partei betreffen (z. B. die Haftungsausschlussklausel) und auf Anforderung der anderen Partei diese Klauseln erläutern.
- Wenn der Verwender seine vorgenannte Pflicht zum Hinweis oder zur Erläuterung nicht erfüllt und dies dazu führt, dass die andere Partei die Klausel, die ihre wesentlichen Interessen betreffen, nicht zur Kenntnis nimmt oder versteht, kann die andere Partei einen Anspruch geltend machen, dass solche Klauseln nicht als Vertragsbestandteil einbezogen werden.
- Sind AGB ganz oder teilweise nicht Vertragsbestandteil geworden oder unwirksam, so bleibt der Vertrag im Übrigen wirksam. Soweit die Bestimmungen nicht Vertragsbestandteil geworden oder unwirksam sind, richtet sich der Inhalt des Vertrags nach den gesetzlichen Vorschriften.

6.1.2.5 Weitere Anmerkungen

Zwei weitere Anmerkungen sollten bei der Vertragsgestaltung ebenfalls berücksichtigt werden:

- Für jede Vertragsart kann die Haftung für Personenschäden oder Sachschäden mit Vorsatz oder grober Fahrlässigkeit verträglich nicht abgeändert oder ausgeschlossen werden.
- Die allgemeine Verjährungsfrist für zivilrechtliche Rechtsansprüche beträgt 3 Jahre. Eine verlängerte Verjährungsfrist von 4 Jahren gilt für den Rechtsanspruch aus einem internationalen Kaufvertrag oder einem Import und Export-Vertrag für Technologie. Die Verjährungsfrist kann vertraglich nicht verkürzt bzw. verlängert werden.

6.2 Regulierungsfragen bei in China einzuführenden Produkten

6.2.1 Kennzeichnung

Nach dem Verbraucherschutzgesetz Chinas (beispielsweise dem Informationsrecht des Verbrauchers) sowie dem Produktqualitätsgesetz Chinas müssen auf einem Produkt bzw. auf einer Produktverpackung folgende Angaben vorhanden sein:

- das Qualitätsprüfungszertifikat;
- der Produktname sowie der Name und die Anschrift des Herstellers auf Chinesisch;
- entsprechend den Besonderheiten und den Anforderungen beim Gebrauch des Produkts die Spezifikationen, die Klasse, der Name und die Menge seiner hauptsächlichen Bestandteile auf Chinesisch. Das bedeutet: alles, was der Verbraucher vorab wissen muss, ist außen auf der Verpackung zu erklären oder es müssen dem Verbraucher vorweg die erforderlichen Unterlagen zur Verfügung gestellt werden;
- bei Produkten mit begrenzter Nutzungszeit das Herstellungsdatum sowie die Zeit des ungefähren Verbrauchs oder das Verfallsdatum;
- bei Produkten, bei denen falscher Gebrauch leicht Schäden am Produkt selbst hervorruft oder den menschlichen Körper und die Sicherheit von Vermögensgütern gefährden kann, müssen Warnzeichen oder eine warnende Erklärung auf Chinesisch vorhanden sein.

6.2 Regulierungsfragen bei in China einzuführenden Produkten

Die obengenannten Angaben in dem Produktqualitätsgesetz Chinas sind generell verpflichtend. Für bestimmte Produkte sind noch zusätzliche Deklarationen entsprechend den einschlägigen chinesischen Gesetzen und Vorschriften (z. B. dem Lebensmittelsicherheitsgesetz, den Verordnungen über die Überwachung und Regulierung von Kosmetika, Verwaltungsmaßnahmen für die Kennzeichnung von Kosmetik) sowie den Staatsnormen (z. B. GB 7718–2011 Allgemeine Regeln für die Kennzeichnung von vorverpackten Lebensmitteln, GB 13432–2013 Kennzeichnung von vorverpackten Lebensmitteln für besondere Ernährungszwecke) vorgeschrieben.

Eine Ausnahme besteht bei unverpackt verladenen Nahrungsmitteln und anderen unverpackt verladenen Produkten, an denen aufgrund ihrer Besonderheiten schwer Kennzeichnungen angebracht werden können. Hier entfällt die Kennzeichnungspflicht auf dem Produkt bzw. auf der Produktverpackung.

6.2.2 Produktregistrierung

Für bestimmte Produkte bzw. Produktgruppen ist eine Produktanmeldung oder -registrierung vor dem Import bei der zuständigen chinesischen Behörde erforderlich. Dazu gehören zum Beispiel:

- Arzneimittel: sie unterliegen einer strengen Regulierung in China. Arzneimittel müssen zuerst bei der National Medical Products Administration („NMPA") in Beijing registriert werden und dürfen nur in dafür zugelassenen Häfen nach einer zusätzlichen Anmeldung bei der örtlichen NMPA in dem betreffenden Hafen eingeführt werden. Das komplette Verfahren ist sehr aufwändig und kann sich über mehrere Jahre hinziehen.
- Medizinprodukte: sie müssen vor dem Import bei der NMPA in Beijing angemeldet oder registriert werden. Gemäß den Klassifizierungsregeln werden Medizinprodukte in China je nach Risiko bei der Anwendung in drei Risikoklassen unterteilt: I, II, und III. Medizinprodukte der Klasse I, die der niedrigsten Risikostufe und Gefahrenstufe angehören, unterliegen einem Anmeldungsverfahren, während Medizinprodukte der Klassen II und III ein komplizierteres Registrierungsverfahren durchlaufen müssen.
- Kosmetika: sie müssen vor dem Import bei der NMPA in Beijing angemeldet oder registriert werden. Gemäß den Klassifizierungsregeln werden Kosmetika in China je nach Anwendungszweck in zwei Kategorien unterteilt: spezielle Kosmetika, die zur Haarfärbung, zur Dauerwelle, zur Entfernung von Sommersprossen und Aufhellung der Haut, gegen Sonnenbrand und

Haarausfall oder für andere neue Anwendungen verwendet werden sowie allgemeine Kosmetika, die nicht den speziellen Kosmetika zugeordnet werden. Allgemeine Kosmetika unterliegen einem Anmeldungsverfahren, während spezielle Kosmetika einem komplizierteren Registrierungsverfahren unterliegen. Zudem muss der inländische Importeur bei dem Online-System des Zollamtes angemeldet werden.
- Futtermittel (einschließlich Tierfutter): sie müssen vor dem Import bei dem Ministry of Agriculture and Rural Affairs („MoA") in Beijing registriert werden. Zudem muss der inländische Importeur bei dem Online-System des Zollamtes angemeldet werden.
- Lebensmittel: deren ausländische Produzenten müssen vor dem Import bei dem Zollamt registriert werden. Zudem müssen ausländische Exporteure oder Agenten sowie inländische Importeure bei dem Online-System des Zollamtes angemeldet werden.

6.2.3 Vereinfachte Regulierungsanforderungen für die Wareneinfuhr im Rahmen des grenzüberschreitenden E-Commerce

Im Allgemeinen unterliegen alle Verkaufsaktivitäten auf dem chinesischen Festland den gleichen chinesischen Gesetzen und Vorschriften. Allerdings werden zur Förderung des grenzüberschreitenden E-Commerce (Cross Border E-Commerce, „CBEC") die Regulierungsanforderungen in den anwendbaren chinesischen Gesetzen und Regelungen (z. B. Produktregistrierung, Qualitätsstandard, Kennzeichnung usw.) teilweise vereinfacht bzw. gelockert.

Bei Produkten, die in der „List of Imported Commodities for Cross-border E-commerce Retail"[3] enthalten sind und die mittels CBEC eingeführt werden, gelten folgende vereinfachte Regulierungsanforderungen:

- Anstelle eines physischen chinesischen Papieretiketts, das am Produkt angebracht ist, ist es ausreichend, dass eine chinesische elektronische Etikette auf den Kauf-Webseiten veröffentlicht wird.
- Die Waren werden als importierte Artikel zum persönlichen Gebrauch reguliert und unterliegen nicht der Genehmigung, Registrierung oder Anmeldungspflicht, die für die erstmalig importierten Waren gelten, es sei denn, dass der Import der Waren aus Seuchengebieten verboten ist oder ein Qualitätssicherheitsnotfall vorliegt.

---

[3] Siehe: Grundsätze beim CBEC im Abschn. 4.5.3.1.

- Beijing (seit 2019) und die Provinz Henan (seit 2021) sind die ersten beiden Pilotzonen, wo Arzneimittel in der Form von CBEC theoretisch eingeführt werden dürfen. Beide haben eigene Listen der zugelassenen Arzneimittel mit spezifischen Verwaltungsanforderungen erstellt, sodass man zumindest eine erste Orientierung findet. Bei der praktischen Umsetzung sind jedoch noch große Unsicherheiten vorhanden.

6.3 Verantwortlichkeit und Produkthaftung in China

6.3.1 Anwendungsbereich der chinesischen Gesetze für die Produkthaftung

Die Produkthaftung ist hauptsächlich in dem Bürgerlichen Gesetzbuch, dem Produktqualitätsgesetz sowie dem Verbraucherschutzgesetz Chinas geregelt. Jeder, der im Hoheitsgebiet Chinas ein Produkt herstellt oder verkauft, muss sich an die gültigen chinesischen Gesetze und Vorschriften halten. Das Vorhandensein eines inländischen Käufers, Nutzers oder Verbrauchers ist grundsätzlich ausreichend für die Begründung der Anwendbarkeit der chinesischen Gesetze und Vorschriften für die Produkthaftung. Dies betrifft insbesondere für ausländische Hersteller oder Verkäufer beim CBEC.

6.3.2 Verschuldensunabhängige Haftung der Hersteller und Haftung des Verkäufers

Die Hersteller sind verantwortlich für die Qualität der von ihnen hergestellten Produkte. Ein Produkt ist fehlerhaft, wenn unzumutbare Gefahren in dem (sowie durch das) Produkt bestehen, die die persönliche Sicherheit oder die Sicherheit des Eigentums anderer bedrohen oder es den nationalen oder handelsüblichen Normen zur Gewährleistung der menschlichen Gesundheit und der Sicherheit von Personen und Vermögen nicht entspricht. Zu den Produktfehlern gehören Produktionsfehler, Konstruktionsfehler, Instruktionsfehler und fehlerhafte Weiterverfolgung. Verursacht ein Produktfehler einen Schaden bei einer anderen Person, so ist der Hersteller für die Folgeschäden verantwortlich. Voraussetzung dafür, dass der Hersteller haften muss, ist allerdings immer, dass ein Produkt bereits fehlerhaft gewesen ist als es in den Verkehr gebracht worden ist. Dies ist so zu verstehen, dass die Schäden nicht erst zu einem späteren Zeitpunkt eingetreten sind, sondern dass das betreffende Produkt von Anfang an mangelhaft war und dann in den Verkehr gebracht wurde. Die Haftung ist weiterhin ausgeschlossen, wenn die Mängel aufgrund des derzeitigen Stands von Wissenschaft und Technik zum Zeitpunkt des Inverkehrbringens nicht festgestellt werden können. Bei der Feststellung von Mängeln nach dem Inverkehrbringen ist der Hersteller oder Verkäufer jedoch verpflichtet, rechtzeitig Abhilfemaßnahmen zu ergreifen, wie z. B. den Verkauf einzustellen, Warnhinweise zu geben oder das Produkt zurückzurufen. Ansonsten haftet der Hersteller oder der Verkäufer für diese vergrößerten Schäden. Auch ein Anspruch auf Strafschadensersatz kann dadurch begründet werden.

Der Verkäufer haftet dafür, wenn der Produktfehler von ihm verschuldet wird oder wenn er weder den Hersteller noch die Vorlieferanten benennen kann.

6.3.3 Wahlrecht der Geschädigten

Verursacht ein fehlerhaftes Produkt einen Personen- oder Sachschaden, hat der Geschädigte (einschließlich der Konsumenten) das Wahlrecht, den Schadensersatz entweder vom Hersteller oder vom Verkäufer zu verlangen. Nachdem der gesetzlich zur Leistung verpflichtete Schuldner (der Hersteller oder Verkäufer) den Schadenersatz geleistet hat, darf er Rückgriff bei einem Dritten nehmen, der dem Schuldner gegenüber hierfür haftet.

6.3.4 Haftung der E-Commerce-Plattform

Selbst die E-Commerce-Plattform kann zur Haftung herangezogen werden, wenn sie die echten Namen, Adressen und gültigen Kontaktdaten der Verkäufer oder Dienstleister nicht angeben kann. Die E-Commerce-Plattform hat dann einen Regressanspruch gegen den Verkäufer oder Dienstleister.

Die E-Commerce-Plattform haftet gesamtschuldnerisch mit den Verkäufern oder Dienstleistern, wenn sie es wusste oder wissen sollte, dass der Verkäufer oder Dienstleister ihre Plattform zur Verletzung von Konsumentenrechten nutzt, aber sie keine erforderlichen Maßnahmen ergriffen hat.

6.3.5 Umfang der Ansprüche aus der Produkthaftung

Personen- und Sachschäden sind von den Verantwortlichen ohne Obergrenze zu ersetzen. Die Haftung für Personenschäden oder Sachschäden mit Vorsatz oder grober Fahrlässigkeit kann verträglich nicht abgeändert oder ausgeschlossen werden.

Im Allgemeinen bedeutet der Schadensersatz im chinesischen Recht die Kompensation. Der Strafschadensersatz ist nur ausnahmsweise und mit ausdrücklichen rechtlichen Vorschriften zulässig. Ein Anspruch auf Strafschadensersatz kann begründet werden, wenn der Hersteller oder Verkäufer ein fehlerhaftes Produkt herstellt oder verkauft, von dem er weiß, dass es fehlerhaft ist oder es unterlässt, Abhilfemaßnahmen bei Feststellung der Mängel nach dem Inverkehrbringen zu ergreifen, sodass Tod oder schwere Personenschäden verursacht werden. Der § 51 des Konsumentenschutzgesetzes billigt dem Geschädigten dabei unter bestimmten Umständen zudem einen Schmerzensgeldanspruch zu.

6.3.6 Verkürzte Verjährungsfrist

Die allgemeine Verjährungsfrist für zivilrechtliche Rechtsansprüche beträgt 3 Jahre. Der Produkthaftungsanspruch verjährt allerdings nach 2 Jahren zu dem Zeitpunkt, an dem der Geschädigte wusste oder hätte wissen müssen, dass seine Rechte und Interessen beeinträchtigt sind. Auf jeden Fall verjährt der Produkthaftungsanspruch nach 10 Jahren ab der Erstlieferung, es sei denn, dass die die ausdrücklich angegebene Verwendungsdauer noch nicht abgelaufen ist.

6.4 Streitbeilegung in China

6.4.1 Gerichtliche Streitbeilegung in China

6.4.1.1 Überblick über das Gerichtssystem in China

Die Volksgerichte in China umfassen das Oberste Volksgericht in Beijing, die Volksgerichte auf verschiedenen lokalen Ebenen (Untere Volksgerichte, Mittlere Volksgerichte und Obere Volksgerichte) sowie Sondervolksgerichte (Militär-, See-, Finanz-, Internet-, Eisenbahn-, Forst- und Agrargerichte).

Die Gerichtsbarkeit ist grundsätzlich vierstufig aufgebaut, wobei für den Einzelfall in der Regel zwei Instanzen zur Verfügung stehen. Bei bestimmten Streitigkeiten (z. B. arbeitsrechtliche Streitigkeiten) ist die Durchführung eines Schlichtungsverfahrens sogar gesetzlich vorgeschrieben, bevor der Weg zu einem staatlichen Gericht offen ist.

6.4.1.2 Zuständigkeit eines chinesischen Gerichts in Zivilsachen mit Auslandsbezug

Das Zivilprozessrecht Chinas wurde erstmals 1991 verabschiedet und zuletzt mit Wirkung zum 1. Januar 2024 aktualisiert. Diese Änderung erweitert die

Zuständigkeit der chinesischen Gerichte in zivilrechtlichen Streitigkeiten mit Auslandsbezug, soweit diese eine angemessene Verbindung zu China aufweisen. Für eine zivilrechtliche Klage ohne Bezug auf Personenstand gegen einen Beklagten ohne Wohnsitz in China kann,

- wenn der Vertrag in China geschlossen oder erfüllt wurde oder
- wenn der Prozessgegenstand sich in China befindet oder
- wenn der Beklagte in China pfändbares Vermögen hat oder
- wenn der Ort der unerlaubten Handlung in China liegt oder
- wenn der Beklagte in China ein Vertretungsorgan errichtet hat

die Zuständigkeit vom Volksgericht

- des Ortes des Vertragsabschlusses oder der Vertragserfüllung oder
- des Ortes, an dem sich der Prozessgegenstand oder pfändbares Vermögen befindet oder
- des Ortes der unerlaubten Handlung oder des Wohnsitzes des Vertretungsorgans

übernommen werden.

6.4.2 Außergerichtliche Streitbeilegung (Schiedsgerichtsbarkeit) in China

6.4.2.1 Überblick über Schiedsinstitutionen in China

Nach Vereinbarung können Vertragsstreitigkeiten und andere Streitigkeiten, die sich aus Eigentumsrechten zwischen Bürgern, juristischen Personen und anderen rechtlich gleichgestellten Organisationen ergeben, einem Schiedsverfahren unterworfen werden.

Die Schiedsverhandlung ist ohne gesonderte Vereinbarung nicht öffentlich. Zudem gilt der Streit mit dem Schiedsspruch der ersten und einzigen Instanz als endgültig und verbindlich entschieden. Eine außergerichtliche Streitbeilegung ist daher vertraulicher und oft zeitsparender als ein Verfahren vor den ordentlichen Gerichten. Deswegen spielt die Schiedsgerichtsbarkeit eine wichtige Rolle bei Handels- oder Investitionsangelegenheiten.

In China gibt es über 250 Schiedsinstitutionen. Was die Schiedskommission betrifft, ist die CIETAC (China International Economic and Trade Arbitration Commission) mit dem Hauptsitz in Beijing und weiteren 16 Sub-Kommissionen die prominenteste und auch international anerkannte Schiedsinstitution. Hiervon haben sich die Schiedskommissionen in SHIAC (Shanghai International Economic and Trade Arbitration Commission/Shanghai International Arbitration Center) und SCIA (Shenzhen Court of International Arbitration) abgespalten, die zurzeit selbständige Schiedsinstitutionen sind. Zudem gibt es beispielsweise noch die BAC (Beijing Arbitration Commission/Beijing International Arbitration Center), SHAC (Shanghai Arbitration Commission) und HIAC (Hainan International Arbitration Court).

6.4.2.2 Zuständigkeit eines Schiedsgerichtes nach Vereinbarung

Die Parteien können durch eine Schiedsvereinbarung bestimmen, dass ein Schiedsgericht anstelle eines Volksgerichts ihren Rechtsstreit verbindlich entscheidet. Der Weg zum Volksgericht ist den Parteien in diesen Fällen dann grundsätzlich verschlossen. Eine Schiedsvereinbarung umfasst die in einem Vertrag festgelegten Schiedsklauseln und jede andere schriftliche Vereinbarung über ein Schiedsverfahren, die vor oder nach dem Auftreten einer Streitigkeit getroffen wurde. Eine Schiedsvereinbarung muss folgende Inhalte enthalten: 1. die Erklärung der Parteien, dass sie ein Schiedsverfahren anstreben; 2. die zu schlichtenden Angelegenheiten; und 3. die von den Parteien gewählte Schiedskommission. Zur Vermeidung einer unwirksamen Schiedsvereinbarung ist die Vereinbarung nach den Musterschiedsklauseln der Schiedsinstitutionen zu formulieren und es zudem empfehlenswert, sie vor der Unterzeichnung durch einen lokalen Berater überprüfen zu lassen.

6.4.3 Vermögenssicherung und Vorwegvollstreckung

6.4.3.1 Vermögenssicherung bei gerichtlicher Streitbeilegung

Nach der Klageerhebung kann das Volksgericht in Fällen, in denen die Handlungen einer Partei oder andere Gründe dazu führen können, dass sich ein Urteil nicht oder schwer vollstrecken lässt, aufgrund eines Antrages der Gegenpartei eine Vermögenssicherungsverfügung, eine bestimmte Leistung oder eine einstweilige Verfügung (z. B. bei Streitigkeiten in Bezug auf geistiges Eigentum) erlassen. Auch wenn keine der Parteien einen Antrag gestellt hat, kann das Volksgericht nötigenfalls verfügen, dass Vermögenssicherungsmaßnahmen ergriffen werden.

Ein solcher Antrag vor der Klageerhebung ist nur unter dringenden Umständen und mit Sicherheitsleistung des Antragsstellers zulässig. Wenn der Antragsteller nicht binnen 30 Tagen nach Ergreifen der Vermögenssicherungsmaßnahmen Klage erhebt, muss das Volksgericht die Vermögenssicherung zurücknehmen. Wenn ein Antrag auf Vermögenssicherung fehlerhaft war, muss der Antragsteller dem Antragsgegner den durch die Vermögenssicherung erlittenen Schaden ersetzen.

▶ **Tipp** Mit einer sogenannten Versicherung für Prozessrisiken sind die meisten Volksgerichte bereit, eine Vermögenssicherung zu erlauben. Diese Versicherung kann die Haftung des Versicherten für den durch die fehlerhafte Vermögenssicherung erlittenen Schaden abdecken.

Die Kosten der Versicherung für Prozessrisiken sind relativ niedrig. Soweit das Vermögen des Antragsgegners in der gleichen Höhe des Streitwertes gesichert werden kann, befindet sich der Antragssteller daher in einer guten Position für einen möglichen Vergleich.

6.4.3.2 Vorwegvollstreckung bei gerichtlicher Streitbeilegung

In beschränkten Fällen (z. B. beim Verlangen von Unterhaltskosten, Arbeitsentgelt oder Behandlungskosten) kann das Volksgericht auf Antrag einer Partei die Vorwegvollstreckung verfügen. Die Vorwegvollstreckung setzt dabei voraus, dass die Rechte- und Pflichtenbeziehungen klar sind und das Leben oder die Produktions- und Gewerbetätigkeit des Antragstellers erheblich beeinträchtigt werden wird, wenn nicht vorweg vollstreckt wird insoweit der Antragsgegner die Erfüllungsfähigkeit hat. Wegen der strengen Beschränkungen kommt die Vorwegvollstreckung in der Praxis jedoch selten zustande.

6.4.3.3 Vermögenssicherung im Schiedsverfahren

Die obengenannten Regelungen sind auch anwendbar für Vermögenssicherung im Schiedsverfahren, es sei denn, dass das Schiedsgericht keine Befugnis zur Entscheidung über Vermögenssicherung hat. Bei dem Schiedsverfahren soll das Schiedsgericht den Antrag zur Vermögensversicherung an das Mittlere Volksgericht am Wohnsitz des Antragsgegners oder am Ort des zu vollstreckenden Vermögens zur Entscheidung weiterleiten.

6.4.4 Vollstreckung

6.4.4.1 Vollstreckung des Gerichtsurteils in China

Wenn ein chinesisches Urteil rechtskräftig wird, ist das Volksgericht erster Instanz oder das Volksgericht auf derselben Ebene erster Instanz und am Ort des zu vollstreckenden Vermögens für die Vollstreckung zuständig. Als ein Teil des aufgebauten Sozialkreditsystems[4] kann das Volksgericht den säumigen Vollstreckungsschuldner in die Schwarzliste aufnehmen und ihm Einschränkungen hinsichtlich seines Verbrauchs auferlegen, z. B. den Erwerb von Immobilien, Flug- oder Bahntickets verhindern.

Mangels internationalem bzw. gegenseitigem Abkommen zwischen China und Deutschland können chinesische Urteile in der Regel nur nach dem Grundsatz der Gegenseitigkeit in Deutschland anerkannt oder vollstreckt werden und umgekehrt[5]. Die Anerkennung und Vollstreckung eines ausländischen Gerichtsurteils sind wirtschaftlich und zeitlich sehr aufwendig. Die Erfolgsaussicht ist sehr gering. Wir kennen nur 1–2 erfolgreiche Fälle, die sich um das deutsche Gerichtsurteil beim Insolvenzverfahren handeln. Daher ist es immer empfehlenswert, die Vollstreckung bei der Vertragsgestaltung über die Gerichtsbarkeit und vor der Klageerhebung zu berücksichtigen.

6.4.4.2 Vollstreckung der Schiedssprüche in China

Wenn ein chinesischer Schiedsspruch rechtskräftig wird, ist das Mittlere Volksgericht am Sitz des Beklagten oder am Ort des zu vollstreckenden Vermögens für die Vollstreckung zuständig. Sollte der Vollstreckungsschuldner oder sein Vermögen sich nicht auf dem Gebiet Chinas befinden, muss der Antragssteller selbst die Anerkennung und Vollstreckung unmittelbar bei dem zuständigen ausländischen Gericht beantragen.

China ist Mitglied des New Yorker Abkommens über die Anerkennung und Vollstreckung von Schiedssprüchen vom 10. Juni 1958. Die Vollstreckung ausländischer Schiedssprüche ist demnach möglich, wenn der Schiedsort in einem Vertragsstaat des Abkommens liegt und wenn es sich um Handelssachen handelt. Nach dem New Yorker Abkommens kann ein Schiedsspruch nur unter beschränkten Umständen angefochten werden. In der Praxis muss das zuständige Volksgericht dem Obersten Volksgericht in Beijing mitteilen, wenn es einen ausländischen Schiedsspruch im Rahmen des New Yorker Abkommens nicht anerkennt oder vollstreckt. Deswegen wird die Anerkennung und Vollstreckung ausländischer Schiedssprüche in der chinesischen Praxis streng nach dem New Yorker Abkommen vorgenommen.

---

[4] Siehe: Das „Social Credit System" (社会信用体系) und seine Bedeutung für in China tätige Unternehmen im Abschn. 2.7.

[5] Ausnahmen davon bestehen bei Scheidungsurteilen, also im Familienrecht. Hier werden deutsche Urteile in China auch nach chinesischen nationalen gesetzlichen Regelungen anerkannt und können vollstreckt werden.

6.4.5 Strategien zur Streitbeilegung

Rechtsstreitigkeiten sind schwierig durchzusetzen und empfehlen sich nur als allerletztes Mittel. Vor der Eröffnung eines Streitbeilegungsverfahrens ist es immer empfehlenswert, kaufmännische Verhandlungen vorzunehmen oder sogar zuerst ein Anwaltsschreiben zu senden. Die Klageerhebung (sogar der Klageversuch) kann manchmal auch die Bereitschaft zur Verhandlung und zum Vergleich fördern. Viele Streitbeilegungsverfahren enden als Vergleich. Eine erfolgreiche Vermögenssicherung kann eine gute Position für die Verhandlung gewährleisten.

Ein Schiedsverfahren ist zudem vertraulicher und oft zeitsparender als ein Gerichtsverfahren. Beim Gerichtsverfahren sind die Prozesskosten von der unterlegenen Partei zu tragen, es sei denn, die gegnerische Partei möchte sie freiwillig übernehmen; anderenfalls muss jede Partei ihre eigenen Anwaltskosten übernehmen, wenn keine besondere Vereinbarung über die Übernahme der Anwaltskosten vorhanden ist. Beim Schiedsverfahren sind die Prozesskosten sowie die Anwaltskosten grundsätzlich von der im Rechtsstreit unterliegenden Partei zu tragen. Weil der Streit beim Schiedsverfahren in der ersten und einzigen Instanz endgültig und verbindlich entschieden ist, gilt es gründlich zu recherchieren und zu überlegen, welches Schiedsorgan einen guten Ruf vorweist.

Glossar der verwendeten Abkürzungen

NRA	Non-Resident-Account
OSA	Offshore-Account
AGB	Allgemeine Geschäftsbedingungen
GB xxxx-xxxx	国标 (GuóBiāo), kurz für 国家标准(Guójiā Biāozhǔn): nationale Normen und Standards für China
NMPA	National Medical Products Administration (Verwaltungsbehörde, die für die Regulierung von Arzneimitteln, Medizinprodukten und Kosmetika für den chinesischen Markt zuständig ist.)
MoA	Ministry of Agricultural and Rural Affairs (Ministerium für Landwirtschaft und ländliche Angelegenheiten))
CIETAC	China International Economic and Trade Arbitration Commission
SHIAC	Shanghai International Economic and Trade Arbitration Commission/Shanghai International Arbitration Center
SCIA	Shenzhen Court of International Arbitration
BAC	Beijing Arbitration Commission/Beijing International Arbitration Center
SHAC	Shanghai Arbitration Commission
HIAC	Hainan International Arbitration Court

7 Geschäftsaufbau mit eigener Niederlassung in China

> **Zusammenfassung**
>
> China bietet sicherlich weiterhin viele Opportunitäten und Möglichkeiten, die einen Einstieg mit Ressourcen vor Ort überlegenswert machen. Lieferketten, Marktnachfrage, Felder für neue Innovationen sowie die Produktion für den chinesischen Markt sind dabei die Hauptmotivationen für Investitionen in China. Die Lebenshaltungskosten und Löhne in China sind im letzten Jahrzehnt jedoch diametral angestiegen und machen daher vergleichsweise hohe Investitionen notwendig. Der Eintritt nach China mit eigener Niederlassung bedeutet somit einen gewissen Aufwand und sollte gut geplant und vorbereitet werden. In diesem Kapitel findet man unsere praktischen Anmerkungen, insbesondere aus rechtlicher und steuerlicher Perspektive, was man bei der Investitionsplanung berücksichtigen muss und worauf man im Tagesgeschäft der Niederlassung achten soll.

7.1 Rechtliche Hinweise zur Klärung der Machbarkeit

7.1.1 Investitionsrecht für einen Markteintritt in China

7.1.1.1 Besondere Verwaltungsmaßnahmen für ausländische Investitionen

Ab 1. Januar 2020 sind das neue „Gesetz der VR China über ausländische Investitionen" (Foreign Investment Law) sowie dessen Durchführungsverordnung in Kraft getreten. Das Gesetz über ausländische Investitionen folgt dem Weg Chinas wirtschaftlicher Öffnung, der mit der WTO-Mitgliedschaft eingeleitet worden war.

Auf Grundlage der Bestimmungen des Gesetzes über ausländische Investitionen verpflichtet sich der chinesische Staat, in- und ausländisch investierte Unternehmen gleich zu behandeln, soweit es nicht anders in der Negativliste (Besondere Verwaltungsmaßnahmen für den Zugang ausländischer Investitionen) geregelt wird. Die Negativliste ist vom Staatsrat zu genehmigen und gegebenenfalls anzupassen. Die aktuelle Negativliste ist seit dem 1. Januar 2022 wirksam und umfasst 31 Bereiche, in denen ausländische Investitionen entweder nicht erlaubt sind (z. B. ausländische Investitionen in Einrichtungen, die der Schulpflicht unterliegen) oder besonderen Beschränkungen unterliegen (z. B. nur Joint Ventures für medizinische Einrichtungen).

7.1.1.2 Investitionsstruktur

Gemäß der Statistik des Handelsministeriums Chinas (Ministry of Commerce, MOFCOM)[1] nimmt Hongkong im Jahr 2019 mit 96,3 Mrd. US$ den 1. Platz in der Liste von Top 10 Ländern/Regionen für ausländische Direktinvestitionen in China ein. Darauf folgt Singapur mit 7,59 Mrd. US$ auf dem 2. Platz. Mit 1,66 Mrd. US$ findet sich Deutschland auf Platz 10.

Eine Holding Plattform wird häufig gegründet, um das Investitionsvorhaben in China zu strukturieren und zu steuern. Hongkong und Singapur sind dabei bevorzugte Standorte für eine solche Holdinggesellschaft. Ein idealer Standort für eine Holdinggesellschaft hat oft folgende gemeinsamen Vorteile:

- Er liegt geografisch in der Nähe von Festland-China.
- Er verfügt über ein stabiles Rechtssystem mit Englisch als einer der Amtssprachen.
- Die Kosten für eine Holdingstruktur sind angemessen.
- Steuerliche Vorteile sind vorhanden, z. B. ein vorteilhaftes Steuerabkommen mit Festland-China[2] bzw. Vorteile bei der Besteuerung von Gewinnausschüttung und dem Verkauf von Tochtergesellschaften.
- Die Strukturänderung der Holdinggesellschaft ist flexibel und effizient.
- Idealerweise kann die Holdinggesellschaft auch für operative Geschäfte in der Asien-Pazifik-Region genutzt werden kann.

---

[1] Ministry of Commerce of China, Top 10 Länder/Regionen für ausländische Direktinvestitionen in China. http://data.mofcom.gov.cn/lywz/topten.shtml. Zugegriffen: 23. März 2023.
[2] Um die steuerlichen Begünstigungen in China zu genießen, ist die Geschäftssubstanz der Holdinggesellschaft nachzuweisen.

Allerdings muss man dabei auch die Kosten für eine Holdingstruktur berücksichtigen, um abzuwägen, ob sie für den jeweiligen Zweck wirklich sinnvoll und notwendig ist.

7.1.2 Standortwahl und Investitionsvertrag

Die attraktivsten Regionen für ausländische Investitionen umfassen das Yangtse-Delta (Shanghai, Jiangsu, Zhejiang und Anhui) im Osten, die Guangdong-Hong Kong-Macao Greater Bay Area im Süden, die Beijing-Tianjin-Hebei Region im Norden sowie den Hainan Free Trade Port. Nach einer Untersuchung von GTAI[3] befinden sich aus der Chemie-, Maschinenbau- und Kfz-Industrie jeweils 76,3 %, 63,5 % und 62,0 % der deutschen Firmen im Yangtse-Delta. Die Entscheidung für eine Wirtschaftsregion ist häufig von der jeweiligen Industrie und dem geplanten Geschäftsumfang abhängig. Für eine Vertriebs- oder Beratungsgesellschaft ist eine der Tier 1 oder 2 Städte[4] oft die erste Wahl, während für eine Produktionsgesellschaft eine Vielzahl von Faktoren (z. B. Kunden- und Lieferantennähe, Betriebskosten, Logistik, Personal sowie auch die Stadtplanung für künftige Erweiterungsmöglichkeiten) berücksichtigt werden muss.

Steht die Entscheidung für eine Wirtschaftsregion fest, muss in der Folge noch die Wahl für eine Stadt sowie ein konkretes Stadtviertel bzw. einen Industriepark getroffen werden. In China existieren zahlreiche sogenannte Industrieparks, die von einer Stadt zur industriellen Nutzung ausgewiesen sind und eine Mischung aus Produktions-, Transport- und Lagereinrichtungen auf demselben Gelände vereinen können. Diese Industrieparks werden von einem eigenen Verwaltungsausschuss verwaltet, der gleichzeitig eine Doppelrolle als Verwalter und Koordinator zwischen der Gesellschaft sowie den anderen Verwaltungsbehörden übernimmt.

Abhängig von den geplanten Investitionen (im Wesentlichen für Produktionsgesellschaften) wird dabei häufig ein Investitionsvertrag zwischen dem Industriepark und dem Investor abgeschlossen, wobei die Rahmenbedingungen für die Investition (z. B. Preis der Landnutzungsrechte und die zugesagten Vergünstigungen) schriftlich festgelegt werden. Mangels ausreichender Rechtsgrundlage besteht jedoch das Risiko, dass die Zusagen beispielsweise aufgrund einer Verschlechterung der wirtschaftlichen Lage der Zone oder wegen Personalwechsel in der Zone nicht eingehalten werden.

---

[3] GTAI (2022), Chinas Regionalcluster – Analyse regionaler Standortfaktoren.
[4] Siehe: Das Tier-System chinesischer Städte als Leitfaden im Städtedschungel in Kap. 1.3.

7.1.3 Gesellschaftsformen

7.1.3.1 Überblick
Grundsätzlich sind folgende Gesellschaftsformen für ausländische Investitionen in China denkbar:

- Representative Office;
- Partnership;
- Limited Liability Company;
- Stock Corporation.

Das Representative Office und das Partnership sind beide keine juristischen Personen und verfügen daher über keine selbstständige Rechtsfähigkeit. Die Limited Liability Company („GmbH") und die Stock Corporation („AG") sind juristische Personen mit eigener Rechtsfähigkeit. Vergleichbar sind die beiden Unternehmensformen mit der deutschen GmbH und der AG.

Zu den häufigsten Investitionsvehikeln gehören dabei die Gründung eines Representative Office oder einer Limited Liability Company, die sowohl ein Wholly Foreign Owned Enterprise (WFOE) oder ein Equity Joint-Ventures (EJV) sein kann. WFOE und EJV werden dann auch als Gesellschaften mit ausländischer Beteiligung (Foreign Invested Enterprise, FIE) bezeichnet.

7.1.3.2 Representative Office
Ein Representative Office wird häufig oft zum Testen des chinesischen Marktes eingesetzt. Es fungiert grundsätzlich als ein Liaisonbüro und darf keine auf Gewinn ausgerichtete Tätigkeit vornehmen. Die Gründung eines Representative Offices kann schnell erfolgen und es gibt keine rechtliche Anforderung für die Kapitaleinlage.

Weil das Representative Office keine juristische Person ist, kann es zwar im eigenen Namen die Rechtsbeziehungen in China abschließen, aber deren Gründer (die ausländische Gesellschaft) muss letztendlich die Verantwortung tragen. Lokale Mitarbeiter für das Representative Office dürfen nur über eine qualifizierte inländische HR-Agentur eingestellt werden, während ausländische Mitarbeiter von der ausländischen Gesellschaft nach China entsandt werden können. Weil ein Representative Office kein operatives Geschäft betreiben darf, richtet sich die Besteuerungsgrundlage des Representative Offices nach den aufgewandten Kosten.

7.1 Rechtliche Hinweise zur Klärung der Machbarkeit

Mit der Vereinfachung des Gründungsverfahrens sowie der Abschaffung der Mindestkapitalanforderung für eine Limited Liability Company sind in den letzten Jahren die Gründungen von Representative Offices stark zurückgegangen.

7.1.3.3 Limited Liability Company (WFOE & EJV)

Die spezifischen gesellschaftsrechtlichen Gesetze für Gesellschaften mit ausländischer Beteiligung (wie das Gesetz über chinesisch-ausländische Equity Joint Ventures, das Gesetz über chinesisch-ausländische Co-operative Joint Ventures und das Gesetz über vollständig ausländisch investierte Unternehmen) werden mit dem Inkrafttreten des neuen Gesetzes für ausländische Investitionen von 2020 aufgehoben. Das Gesellschaftsgesetz Chinas ist damit das grundlegende gesellschaftsrechtliche Gesetz für WFOE und EJV. Die Charakteristika einer Limited Liability Company nach dem Gesellschaftsgesetz sind wie folgt:

- Juristische Person und selbstständiger Träger von Rechten oder Pflichten;
- Gesellschafter: zwischen 1 und 50;
- Haftung der Gesellschafter ist auf ihr gezeichnetes Kapital beschränkt;
- Anteile sind nur eingeschränkt veräußerbar;
- Mindestkapital: entsprechend der Satzung, sofern nichts anderes gesetzlich vorgeschrieben ist;
- Einzahlungsdauer: entsprechend der Satzung und innerhalb der Betriebsdauer, sofern nichts anderes gesetzlich vorgeschrieben ist;[5]
- Keine Anforderung an die Ansässigkeit der Mitglieder des Organisationsorgans in China.

Die Organisationsstruktur einer Limited Liability Company ist wie folgt:

- Gesellschafterversammlung (Shareholders Meeting) oder Einzelgesellschafter (Sole Shareholder) als das oberste Gesellschaftsorgan, das den Aufsichtsrat bzw. Verwaltungsrat berufen und abrufen kann;
- Aufsichtsrat (Supervisory Board) oder 1–2 Supervisors als das Überwachungsorgan, das von der Gesellschafterversammlung oder dem Einzelgesellschafter berufen wird;

---

[5] Das überarbeitete Gesellschaftsgesetz von 2023, das am 1. Juli 2024 in Kraft treten soll, stellt die gesetzliche Beschränkung der Einzahlungsdauer wieder her und schreibt vor, dass das Stammkapital innerhalb von fünf Jahren ab dem Gründungsdatum vollständig geleistet werden muss. Bestehende Unternehmen mit einer Einzahlungsdauer über Jahrzehnte hinweg sollen sich schrittweise an diesen vorgeschriebenen Zeitraum anpassen.

- Verwaltungsrat (Board of Directors) oder Executive Director als das Verwaltungs- /Leitungsorgan, das von der Gesellschafterversammlung oder dem Einzelgesellschafter berufen wird;
- General Manager als Ausführendes Organ des Verwaltungsrates, das von dem Verwaltungsrat ernannt wird;
- Gesetzlicher Vertreter: Der gesetzliche Vertreter ist kraft seines Amtes befugt, eine Gesellschaft nach außen zu vertreten. Diese Stelle muss nach der Satzung durch Vorsitzende des Board of Directors, den Executive Director oder den General Manager wahrgenommen werden. Der Name des gesetzlichen Vertreters ist in der Geschäftslizenz der Gesellschaft und im Unternehmensregister verzeichnet.

7.1.4 Finanzierung der Niederlassung in China

Der Betrieb einer Niederlassung in China kann in der Regel durch Gesellschaftereinlage oder Darlehen finanziert werden.

Die Überweisungen aus und nach China unterliegen der strikten Devisenkontrolle durch die Devisenkontrollbehörde (State Administration of Foreign Exchange, SAFE) und der Bank. Das chinesische Devisenkontrollsystem unterscheidet die Transaktionen zwischen laufenden Konten und Kapitalkonten. Die Transaktionen von einem Kapitalkonto betreffen hauptsächlich die Gesellschaftereinlage sowie Auslandsdarlehen. Im Allgemeinen benötigen die Transaktionen von Kapitalkonten eine Registrierung bzw. Genehmigung durch SAFE.

7.1.4.1 Stammkapital und Gesamtinvestition eines WFOEs/EJVs

Wenn eine Niederlassung in China gegründet werden soll, ist eine der ersten Überlegungen der Investoren, wie viel Stammkapital investiert werden soll. Die Kapitaleinlagen eines WOFEs oder EJVs können als Bar-, Sacheinlagen, geistige Eigentumsrechte, Landnutzungsrechte und andere nach dem Recht übertragbare, nicht in Geld bestehenden, aber in Geld bewertbaren Vermögensgegenständen geleistet werden.

Seit 2014 wurden die rechtlichen Anforderungen an das Mindestkapital, die Einbringungsfrist sowie den Anteil der Bareinlagen für eine Limited Liability Company (WFOE/EJV) zum überwiegenden Teil abgeschafft. Die Höhe und

Einbringungsfrist des Stammkapitals sowie die Form der Kapitaleinlage sind nunmehr frei von dem Gesellschafter in der Gesellschaftssatzung zu entscheiden, soweit nichts anderes gesetzlich vorgeschrieben ist[6]. Obwohl damit eine große Flexibilität über die Höhe und Einbringungsfrist des Stammkapitals für den Gesellschafter gewährleistet wird, ist es unter Berücksichtigung folgender Faktoren dennoch klar empfehlenswert, eine vernünftige Summe für das Stammkapital festzulegen:

- Im Falle der Insolvenz, der Auflösung, der Zahlungsunfähigkeit beim Zwangsvollstreckungsverfahren bzw. böswilliger Verlängerung der Einbringungsfrist nach dem Entstehen von Schulden ist ein Vorziehen der Einbringungsfrist möglich. Eine ergänzende Gesamthaftung des Gesellschafters ist dann ebenfalls möglich, falls das gezeichnete Stammkapital nicht vollständig eingezahlt wird.
- Auch wenn keine ausreichende Rechtsgrundlage vorhanden ist, kann die Gewinnausschüttung ins Ausland von der überweisenden Bank verhindert werden bevor das Stammkapital vollständig eingezahlt wird.
- Die Kapitalerhöhung ist viel einfacher als die Kapitalherabsetzung, die zum Gläubigerschutz ein kompliziertes Verfahren durchlaufen muss.

Die Gesamtinvestitionssumme ist die gesamte erforderliche Kapitalanfrage für den geplanten Produktions- bzw. Geschäftsumfang, die auch teilweise vom Darlehen abgedeckt werden kann. Für eine FIE (Foreign Invested Company) ist die Festlegung des Stammkapitals von einem bestimmten Verhältnis zur beschlossenen Gesamtinvestition abhängig. Die Differenz zwischen der Gesamtinvestition und dem Stammkapital gilt dabei als eine von zwei möglichen Berechnungsmethoden zur Festlegung der Auslandsdarlehensquote (Borrowing-Gap-Modell).[7]

7.1.4.2 Auslandsdarlehen

Im Allgemeinen ist es schwierig für eine Gesellschaft mit ausländischer Beteiligung, ein Darlehen von einer inländischen Bank in China zu erhalten. Ein Auslandsdarlehen könnte zudem wegen des günstigeren Zinssatzes auch kosteneffizienter sein. Ein Auslandsdarlehen unterliegt in China allerdings einer Quote sowie der Registrierung bei der SAFE. Die Auslandsdarlehensquote wird entweder über das traditionelle Borrowing-Gap-Modell oder das makroprudenzielle

---

[6] Die Mindestkapitalanforderung existiert noch für bestimmte Branchen, z. B. in der Finanz- und Versicherungsindustrie.
[7] Siehe unten § 7.1.4.2.

Managementmodell berechnet. Der Kreditnehmer (FIE) muss sich bei der ersten Antragstellung zur Auslandsdarlehensaufnahme für eine der Berechnungsmethoden entscheiden, die grundsätzlich nicht geändert werden kann, sobald sie ausgewählt wurde. Nach dem Borrowing-Gap-Modell wird die Auslandsdarlehensquote nach der folgenden Formel berechnet:

(Gesamtinvestition − Stammkapital) × *(Eingezahltes Kapital / Stammkapital)*.

Nach dem makroprudenziellen Managementmodell wird die Auslandsdarlehensquote nach der folgenden Formel berechnet:

Net Assets of the Borrower × *Leverage Rate of Cross-border Financing* × *Macroprudential Adjustment Parameter*.

Die Leverage Rate of Cross-border Financing (seit dem 22. Januar 2017 für die Gesellschaftsdarlehensnehmer auf 2 gesetzt) und der Macro-prudential Adjustment Parameter (seit dem 20. Juli 2023 auf 1,5 gesetzt) werden von der Zentralbank Chinas sowie SAFE gemeinsam festgelegt und bei Bedarf angepasst. Das bedeutet, dass eine Limited Liability Company (WFOE & EJV) nach der aktuellen Regelung maximal ein Auslandsdarlehen in der Höhe vom dreifachen ihres Nettovermögens in Anspruch nehmen darf.

7.1.5 Gewinnausschüttung

Die Höhe und Dotierung der gesetzlichen Rücklage wird in § 166 des Gesellschaftsgesetzes Chinas geregelt. Zuzuführen sind der gesetzlichen Rücklage 10 % der auszuschüttenden Gewinne bis die gesetzliche Rücklage 50 % des Stammkapitals erreicht. Erst nach der Verlustabdeckung und der Dotierung der gesetzlichen Rücklage dürfen die ausgeschütteten Gewinne an die Gesellschafter ausgezahlt werden.

Nach nationalem chinesischem Recht unterliegen die Dividenden von ausländischen Gesellschaftern der Quellensteuer mit einem Steuersatz von 10 % für die Unternehmensgesellschafter bzw. 20 % für individuelle Gesellschafter. Liegt ein gültiges Steuerabkommen mit China vor, kann es möglich sein, dass ein niedrigerer Steuersatz (z. B. 5 %) anwendbar ist. Dividenden einer FIE, die an individuelle Gesellschafter mit ausländischer Staatsangehörigkeit gezahlt werden, können darüber hinaus von der Einkommenssteuer befreit sein. Die Zahlung von Dividenden ins Ausland unterliegt zudem der Devisenkontrolle durch SAFE sowie der überweisenden Bank.

7.2 Verwaltungsverfahren zur Gesellschaftsgründung

Nachdem der Investor über die Investitionsstruktur, den Standort, die Gesellschaftsform, die Organstruktur und das Stammkapital entschieden hat, kommt die Frage, wie man eine Gesellschaft in China gründen kann. Für die Gründung einer WFOE sind folgende Schritte notwendig:

- Schritt 1: Unterzeichnung der Gründungsunterlagen und Vorbereitung der beglaubigten und überbeglaubigten Identitätsbescheinigung des Ausländergesellschafters (z. B. Handelsregisterauszug);
- Schritt 2: Vorab-Registrierung des Firmennamens bei der Registerbehörde (Administration for Market Regulation, „AMR");
- Schritt 3: Eintragung der Gesellschaft bei AMR und Anmeldung bei der Handelsbehörde (Commission of Commerce, „CoC")[8];
- Schritt 4: Anfertigung offizieller Stempel und Registrierung offizieller Stempel bei der Polizeibehörde;
- Schritt 5: Eröffnung des Kapitalkontos sowie des RMB-Basiskontos bei der Bank;
- Schritt 6: Anmeldung bei der Steuerbehörde, Sozialbehörde und Zollbehörde (nach Bedarf);
- Schritt 7: Antrag auf andere Betriebslizenz wie z. B. Lebensmittelbetriebslizenz (nach Bedarf).

In den letzten Jahren wurde das Gesellschaftsgründungsverfahren deutlich vereinfacht. Nach Einreichung der Gründungsunterlagen kann man mit der Geschäftslizenz innerhalb von 1 Monat rechnen. Die Auflösung und De-Registrierung einer Gesellschaft ist dazu im Gegensatz sowohl zeitlich als auch wirtschaftlich deutlich aufwendiger. Gemäß einer neuen Regelung (veröffentlicht im Jahr 2022) ist es möglich, eine Gesellschaft in eine Ruhephase von bis zu 3 Jahren zu versetzen. Damit können die Betriebskosten der Gesellschaft reduziert werden.

---

[8] Mit diesem Schritt erhält die Gesellschaft die Geschäftslizenz und darf im eigenen Namen Rechtsgeschäfte abschließen.

7.3 Steuersystem und Steuerliche Compliance in China

7.3.1 Überblick über das Steuersystem in China

Der Staat finanziert seine Aufgaben im Wesentlichen über Steuern. Die in China erhobenen Steuern fallen gewöhnlich auf Einkommen, Vermögen oder Konsum an und lassen sich deshalb in vier Hauptgruppen aufteilen (wobei es in China insgesamt 18 Steuerarten gibt):

- Ertragsteuern: Einkommensteuer (Individual Income Tax, IIT), Körperschaftsteuer (Corporate Income Tax, CIT), Grundstückszuwachssteuer (Land Appreciation Tax, LAT);
- Verkehrssteuern: Umsatzsteuer (Value Added Tax, VAT), Verbrauchsteuer (Consumption Tax, CT), Kfz-Erwerbssteuer, Zölle;
- Vermögensteuern: Grundsteuer (Real Estate Tax), städtische Bodennutzungssteuer, Ackerlandnutzungssteuer, Urkundensteuer, Ressourcensteuer, Fahrzeug- und Schiffssteuer, Schiffstonnagesteuer;
- Andere: Stempelsteuer[9], Steuer für städtische Bauvorhaben und Instandhaltung, Tabaksteuer und Umweltschutzabgaben.

Nach Steuerarten sind VAT und CT als indirekte Steuern sowie CIT und IIT als direkte Steuern die wichtigsten Steuerquellen in China. Eine Statistik der Steuereinnahmen für das Finanzjahr 2020 ist in Abb. 7.1 (Steuereinnahmen nach Steuerarten in 2020) zusammengestellt und gibt einen guten Überblick zu den wichtigsten Steuerbestandteilen.

7.3.2 Steuerliche Vorzugsbehandlungen für ausländische Investitionen

7.3.2.1 Nationale steuerliche Vorzugsbehandlungen
Lange Zeit wurde eine Reihe von steuerlichen Vorzugsbehandlungen zur Förderung ausländischer Investitionen von der Zentralregierung Chinas gesetzlich festgelegt. Zum 1. Januar 2008 trat dann allerdings ein einheitliches Steuersystem

---

[9] Als Stempelsteuern (Stamp Duty) bezeichnet man in China Steuern, die durch Abstempeln der steuerpflichtigen Belege (z. B. Kaufvertrag) oder Abwicklung von Wertpapiergeschäften mit einem Stempel und oft einer Stempelmarke erhoben werden.

7.3 Steuersystem und Steuerliche Compliance in China

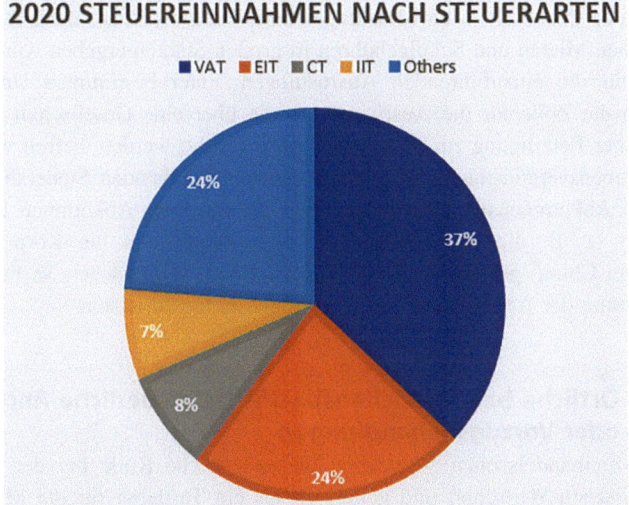

Abb. 7.1 Steuereinnahmen nach Steuerarten in 2020

in Kraft, welches für chinesische und ausländische Unternehmen gleichermaßen gilt.

Für die ausländischen Investitionen existieren dennoch folgende steuerlichen Vorzugsbehandlungen:

- Quellensteuer auf Gewinnausschüttung an den ausländischen Unternehmens-Gesellschafter: Dividenden, die aus den vor 2008 erwirtschafteten Erträgen gezahlt werden, sind weiter von der Quellensteuer befreit. Ab 2017 darf die Quellensteuer auf Gewinnausschüttung an den ausländischen Unternehmens-Gesellschafter, die wieder zur Re-Investition in China verwendet wird, gestundet werden.
- Quellensteuer auf Gewinnausschüttung an den individuellen Gesellschafter ausländischer Staatsangehörigkeit: Dividenden, die an individuelle Gesellschafter ausländischer Staatsangehörigkeit gezahlt werden, können von der Quellensteuer befreit sein.
- Die Einkommensteuer (IIT) für Angestellte ausländischer Staatsangehörigkeit: spezifische zusätzliche Steuerabzüge (wie z. B. Miete, Schulgebühren der Kinder oder persönliche Heimflüge) sind anwendbar für Angestellte ausländischer Staatsangehörigkeit. Allerdings wird die Fortführung dieser Regelung auf

Ende 2023 begrenzt. Ab 2024 könnten bei ausländischen Angestellten daher erhebliche steuerliche Mehrbelastungen anfallen, die sich aus der Besteuerung der hohen Mieten und Schulgebühren in großen Städten ergeben würden.
- Zölle für die einzuführenden Ausrüstungen: unter bestimmten Umständen können die Zölle für die Ausrüstungen, die über eine Gesellschaft mit ausländischer Beteiligung zur Eigennutzung eingeführt werden, befreit werden;
- Abkommensvergünstigungen: je nach dem entsprechenden Steuerabkommen können Abkommensvergünstigungen für die unter das Abkommen fallenden Steuern (z. B. die persönliche Einkommensteuer und die Körperschaftssteuer in China) gewährt werden. Dabei ist dem inländischen Verfahren zur Gewährung der Abkommensvergünstigungen Folge zu leisten.

7.3.2.2 Örtliche bzw. branchenspezifische steuerliche Anreize oder Vorzugsbehandlungen

Die Pilot-Freihandelszonen[10] spielen eine wesentliche Rolle bei der Öffnung der chinesischen Wirtschaft und gelten oft als ein Testlabor für die Marktwirtschaft sowie neue Geschäftsmodelle. Als unterstützende Maßnahmen werden dazu zugleich einige örtliche steuerliche Anreize gewährt. Je nach Standort der Investitionsprojekte sind Steuersatzreduzierung, Betriebs- und Mietzuschüsse sowie andere zusätzliche lokale Anreize verfügbar.

Einige branchenspezifische Anreize oder Vorzugsbehandlungen dürften auch für viele ausländische Unternehmen und FIEs relevant sein, wie z. B. Steuerreduzierung für Kleinst- und Kleinunternehmen, Steuersatzreduzierung für Unternehmen der High- und New-Tech-Branche, steuerlicher Super-Abzug für Forschung und Entwicklung, Steuerbefreiung für Technologietransfer, Steuerreduzierung für Industrie der Integrierten Schaltkreise, Umweltschutz- und energiesparende Industrie usw.

7.3.2.3 Vertragliche finanzielle Unterstützungen

In der Praxis ist es auch nicht selten zu sehen, dass lokale Regierungen zur Förderung ausländischer Investitionen finanzielle Unterstützungen bzw. steuerliche Vorzugsbehandlungen versprechen, die oft in der Form einer Investitionsvereinbarung festgelegt werden. Grundsätzlich sind die Befugnisse der lokalen Regierungen zur Gewährung der finanziellen Unterstützungen jedoch sehr beschränkt. Die Wirksamkeit solcher Zusagen kann daher strittig sein.

---

[10] Siehe: Freihandelszonen und der Freihandelshafen von Hainan im Kap. 2.4.1.

7.3.3 Steuerliche Compliance

In der Vergangenheit waren das chinesische Finanzamt und der Steuereinnehmer sehr aktiv in der alltäglichen Besteuerung der Gesellschaften involviert. Viele steuerliche Angelegenheiten unterlagen einem Anmeldungs- bzw. Genehmigungsverfahren. Zurzeit wird das steuerliche Verwaltungsverfahren deutlich vereinfacht. Die Steuerrisiken werden dabei zugleich auch auf die Steuerpflichtigen übertragen. Die Unklarheiten der steuerlichen Regelungen sowie die regional unterschiedliche Praxis haben daher diese Steuerrisiken auch vergrößert.

Folgende typische Steuerrisiken könnten für FIEs relevant sein:

- Mischung des Warenpreises und der Dienstleistungsvergütung bei der Wareneinfuhr;
- Ermittlung der Warennummer (HS Code) bei der Wareneinfuhr;
- Verrechnungspreise bei verbundenen Unternehmen;
- Gründung einer Betriebsstätte wegen Vor-Ort Dienstleistungen;
- Rechtswidrige Erstattung der Personalkosten;
- Erlangung eines nicht gerechtfertigten Steuervorteils.

Je nach Schwere der steuerlichen Pflichtverletzungen sind Steuerstraftaten und Steuerordnungswidrigkeiten zu unterscheiden. Die Steuerstraftat kann eine freiheitsentziehende Sanktion in Gestalt von Freiheitsstrafen bzw. Strafgeldern nach sich ziehen, während die Steuerordnungswidrigkeiten mit Geldbußen geahndet werden können. Bei den Steuerstraftaten verjährt die Verfolgung der Straftat je nach der höchsten Freiheitsstrafe von 5 Jahren bis zu 20 Jahren. Bei den Steuerordnungswidrigkeiten verjährt die Verfolgung der Steuerordnungswidrigkeiten von 3 Jahren bis zu 5 Jahren, während die Steuerhinterziehung, Steuerverweigerung und Steuerbetrug nicht verjährt.

7.4 Arbeitsrecht und Sozialrecht in China

7.4.1 Allgemeine Arbeitsregeln

Das Arbeitsverhältnis zwischen dem Arbeitgeber und dem Arbeitnehmer besteht ab dem Tag, an dem der Arbeitgeber die Arbeit des Arbeitnehmers nutzt. Innerhalb von 1 Monat muss ein schriftlicher Arbeitsvertrag geschlossen werden, in dem die beiderseitigen Rechte und Pflichten klargestellt werden. Es werden befristete Arbeitsverträge, unbefristete Arbeitsverträge sowie Arbeitsverträge auf die Fertigstellung einer bestimmten Arbeitsaufgabe befristeter Dauer unterschieden.

Das Arbeitszeitsystem kann in drei Arten unterteilt werden, die Normarbeitszeit, die Gesamtarbeitszeit und die flexible Arbeitszeit. Unter dem Normarbeitszeitsystem beträgt die Arbeitszeit 8 h täglich und 40 h wöchentlich.

Gesetzlich hat ein Arbeitnehmer Anspruch auf 5 bezahlte Urlaubstage, wenn die Beschäftigungsdauer mehr als 1 und weniger als 10 Jahre beträgt. Bei mehr als 10 und weniger als 20 Jahren sind es 10 Urlaubstage und bei mehr als 20 Jahren sind es 15 Urlaubstage.

Zur Einstellung eines ausländischen Arbeitnehmers ist eine Arbeitserlaubnis nach Genehmigung durch die zuständige Arbeitsbehörde erforderlich. Der Arbeitsvertrag für einen ausländischen Arbeitnehmer darf nicht länger als 5 Jahre dauern, kann aber verlängert werden.

7.4.2 Sozialversicherung und Wohnungsfonds

Nach dem Sozialversicherungsgesetz von 2007 sind Arbeitgeber und Arbeitnehmer verpflichtet, dem Sozialversicherungssystem, einschließlich der Rentenversicherung („RV"), der Krankenversicherung („KV"), der Arbeitsunfallversicherung („AUV"), der Arbeitslosenversicherung („ALV") und der Mutterschaftsversicherung („MV") beizutreten. Der Arbeitgeber muss innerhalb von 30 Tagen ab der Anstellung eines Beschäftigten beim Sozialversicherungsorgan dessen Sozialversicherungsregistrierung beantragen. Zudem sind der Arbeitgeber sowie der Arbeitnehmer verpflichtet, Beiträge an einen Wohnungsfonds zu zahlen. Bei der Beschäftigung ausländischer Arbeitnehmer sind die gleichen gesetzlichen Vorschriften anzuwenden.

Die Höhe der jeweiligen Beiträge und die Anteile der Arbeitgeber („AG") und der Arbeitnehmer („AN") sind regional unterschiedlich geregelt. Die Bemessungsgrundlage wird jährlich nach dem regionalen Durchschnittsgehalt des letzten Jahres angepasst. Daher sind die Unter- und Obergrenze auch regional unterschiedlich. Die Beiträge für Shanghai sind zur besseren Veranschaulichung in Tab. 7.1 (Sozialversicherungsbeiträge für Shanghai (Stand: Februar 2023) zusammengestellt.

China hat das Sozialversicherungsabkommen mit 11 – hauptsächlich europäischen – Ländern unterzeichnet. So hat China im Jahr 2002 das Sozialversicherungsabkommen mit Deutschland geschlossen. Es regelt, dass Arbeitnehmer, die

Tab. 7.1 Sozialversicherungsbeiträge in Shanghai (Stand: Juli 2023).

	RV	KV und MV	AUV	ALV	Wohnungsfonds
AG-Anteile	16 %	10 %	0,16 %–1,52 %	0,5 %	5 %–7 %
AN-Anteile	8 %	2 %	0	0,5 %	5 %–7 %
Bemessungsgrundlage (monatlich)	CNY 7,310 –36,549				CNY 2,590–36,549

von ihrem Unternehmen vorübergehend im anderen Vertragsstaat beschäftigt werden, in den Zweigen der Rentenversicherung und Arbeitslosenversicherung nicht doppelt versichert werden müssen.

7.4.3 Arbeitsrechtliche Compliance und Streitigkeiten

Außerhalb der vertraglichen Vereinbarungen sind der Arbeitgeber und der Arbeitnehmer verpflichtet, die zwingenden arbeitsrechtlichen Regelungen einzuhalten. Bei Abschluss und Änderung des Arbeitsvertrags müssen die Grundsätze der Gleichberechtigung und Freiwilligkeit und der Erzielung von Übereinstimmung in Verhandlungen eingehalten werden. Gesetze und Verwaltungsrechtsnormen dürfen nicht verletzt werden. Gesetzlich vorgeschrieben ist zum Beispiel die Schriftform beim Arbeitsvertrag. Bei der Verletzung der Schriftform muss der Arbeitgeber ab dem ersten Arbeitstag binnen eines Jahres dem Arbeitnehmer für jeden Monat den doppelten Lohn zahlen. Wenn der Arbeitgeber mit dem Arbeitnehmer innerhalb eines Jahres keinen schriftlichen Arbeitsvertrag geschlossen hat, wird das so angesehen, als hätten sie einen unbefristeten Arbeitsvertrag geschlossen.

Bei arbeitsrechtlichen Streitigkeiten ist die Durchführung eines Schlichtungsverfahrens gesetzlich vorgeschrieben bevor der Weg zu einem staatlichen Gericht offen ist. Die Prozesskosten für arbeitsrechtliche Streitigkeiten sind lediglich CNY 10 pro Instanz. Arbeitsrechtliche Streitsachen betreffen dabei häufig eine rechtswidrige Kündigung, Überstundenvergütung oder Unterbezahlung der Sozialversicherungsbeiträge.

Außerhalb der obengenannten steuerlichen und arbeitsrechtlichen Compliance wird die Compliance in Bezug auf den Datenschutz sowie die Ausfuhrkontrolle zunehmend wichtig. Weitere Informationen und Hinweise kann man unter „Datenschutz und Datensicherheit" sowie „Ausfuhrkontrolle" in Kap. 2 finden.

Glossar der verwendeten Abkürzungen

MOFCOM	Ministry of Commerce (Handelsministerium)
WFOE	Wholly Foreign-Owned Enterprise (Eine WFOE ist eine 100 %ige Tochtergesellschaft und kann durch ein oder mehrere ausländische Investoren gegründet werden.)
EJV	Equity Joint Venture (Eine rechtlich selbstständige gemeinsame Unternehmung zweier oder mehrere Partner mit Kapitalbeteiligung.)
FIE	Foreign Invested Enterprise (Gesellschaften mit ausländischer Beteiligung)
AMR	Administration for Market Regulation (Registerbehörde)
CoC	Commission of Commerce (Handelsbehörde)
VAT	Value Added Tax (Umsatzsteuer)
CT	Consumption Tax (Verbrauchssteuer)
CIT	Corporate Income Tax (Körperschaftssteuer)
IIT	Individual Income Tax (Einkommenssteuer)

Literatur

1. Ministry of Commerce of China, Top 10 Countries/Regions for FDI in China. http://data.mofcom.gov.cn/lywz/topten.shtml. Zugegriffen: 20. Januar 2024.
2. GTAI (2022), Chinas Regionalcluster – Analyse regionaler Standortfaktoren.
3. Liu Zuo (2022), China Taxation 2022. Beijing: Economy Science Press.

If you have any concerns about our products,
you can contact us on
ProductSafety@springernature.com

In case Publisher is established outside the EU,
the EU authorized representative is:
**Springer Nature Customer Service Center GmbH
Europaplatz 3, 69115 Heidelberg, Germany**

Printed by Libri Plureos GmbH
in Hamburg, Germany